# J'accueille mon bébé

**Retrouvez Sonia Krief sur :**
**Instagram** : @lebaindesonia, @lecoledubiennaitre
**Facebook** : Le bain de Sonia

**Attention :** Cet ouvrage contient des photos prises lors de Thalasso Bain Bébé. Il est déconseillé de reproduire ce type de bain avec votre enfant. Cette pratique doit être dispensée par un professionnel : elle nécessite des compétences acquises au cours de formations adaptées et la maîtrise de techniques spécifiques.

Pour retrouver un Thalasso Bain Bébé de Sonia Krief en vidéo… flashez ce QR code !

Sonia Krief
Avec la collaboration d'Alexandra Métaireau

# J'accueille mon bébé

## Se faire confiance, se rencontrer, créer du lien

Albin Michel

# Sommaire



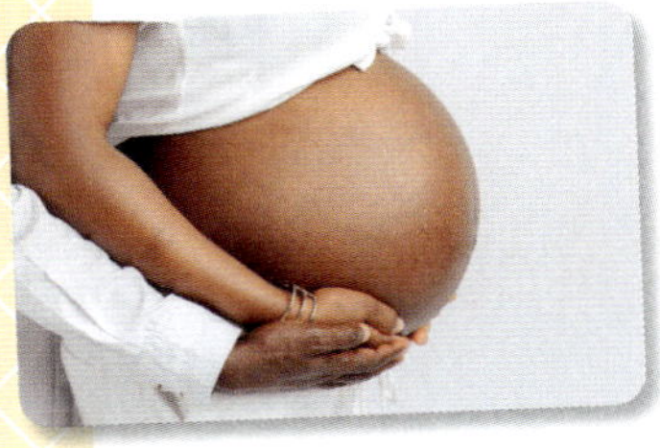

## Préparer la naissance

## Dès les premiers instants

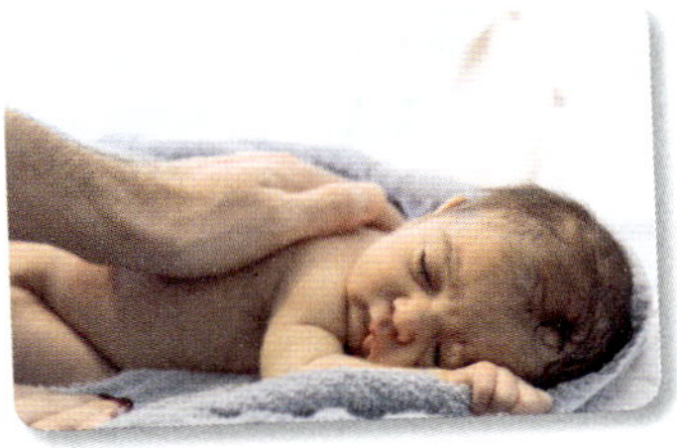

## Au retour et pour toujours

# Préface

J'ai rencontré Sonia plusieurs fois.

La première, *via* ses vidéos de bains proposés aux bébés, vite devenues virales sur les réseaux sociaux. Je reconnais que mon attention fut d'abord entièrement captée par le bébé filmé dans cette eau, et comme beaucoup, j'ai été autant interpellée que bouleversée. Mais que se passait-il donc là, dans ce moment hors espace-temps ? Cela n'avait rien d'un bain de confort, chacun de nous sachant combien la majorité des bébés peuvent apprécier de se détendre dans une eau à la température de leur corps. C'était plus que cela. C'était autre chose.
J'ai alors eu envie de savoir qui était au bout de ces mains et de ces bras, et j'ai vu la femme, Sonia, son regard si singulier et son dialogue, comme silencieux, avec celui qu'on appelle le bébé. Cela m'a évoqué tant de choses… Je venais en effet d'écrire un ouvrage sur l'intra-utérin.

La seconde rencontre s'est faite de vive voix. Sonia m'a en effet téléphoné : elle avait fait des recherches pour trouver une professionnelle pouvant intervenir dans son École du Bien Naître et partageant son état d'esprit atypique. Ce fut une première conversation enthousiasmante, et je crois pouvoir dire que nous nous sommes trouvées. Nous parlions le même langage, partagions la même passion pour la périnatalité et un intérêt certain pour l'accompagnement du grand passage qu'est la naissance. Notre rencontre fut une évidence. Merci la vie !

Depuis, nous n'avons cessé d'échanger, jusqu'à ce jour où elle m'a demandé de préfacer ce livre. Quel enthousiasme et quel défi ! Car comment parvenir à mettre des mots sur ce monde indicible, sur ce Thalasso Bain Bébé ou Bain de Sonia, et sur ce qui, finalement, se passe de commentaires ?
Il suffit en effet de regarder cette danse à deux corps, ce ballet à quatre bras immergés et la fluidité du partage pour se convaincre de la difficulté à poser des mots dessus et pour se persuader de ne pas jouer l'intrus au sein de ce partage, même par une parole de trop. Je n'avais pas vraiment le cœur à cela, tant tout était mouvant, touchant, à fleur des peaux qui se parlent intimement.

Un proverbe chinois dit : « Si ce que tu as à dire n'est pas plus beau que le silence, alors tais-toi »...
Et puis, finalement, je me suis convaincue qu'il était justement essentiel de poser des mots sur ce qui se tramait là, au risque sinon de ne donner à voir « qu'un beau bain ». Si, certes, ce bain est beau, fait rêver ceux qui le regardent et ramènent ceux qui y assistent à leur monde perdu (l'intra-utérin et sa totalité), il ne saurait être que cela.

L'intention de Sonia n'est pas là en tout cas, et le concept qu'elle a déposé et retrace dans cet ouvrage a bien plus d'exigence et de profondeur. Il s'agit de rien de moins que de permettre au nouveau-né d'opérer la transition la plus douce possible entre les mondes intra et extra-utérin. Rien de moins que de, précocement, « réparer » une mémoire récente, difficile, portée par l'enfant et liée à son vécu dans le giron de sa mère ou aux circonstances douloureuses de sa naissance. Rien de moins que de lui permettre un accueil digne de ce nom, en ce monde pas si facile, et de lui donner l'espoir en nous.
L'intention du Bain de Sonia est ainsi la rencontre en vérité d'un bébé avec sa mère, avec celle qui fut, il y a peu encore, son univers maternel – surtout quand cette rencontre périnatale n'a pas encore pu se faire pleinement. Elle est aussi de réparer et de faire en sorte que le petit d'homme voyage plus léger sur cette terre, dès le début de son existence. À quoi sert d'attendre en effet, puisqu'un tel savoir-faire et être est à portée de mains, de bras, de cœurs justement intentionnés ?

Je vous laisse donc prendre le risque de dissiper un peu de la magie des images du bain par la lecture qui suit, pour vous laisser éblouir par ce que nous, les êtres humains, sommes capables de proposer à un petit qui débarque et qui devient des nôtres. La proposition est plus que belle.
Il y a dans cet ouvrage matière à refaire le monde, vraiment, puisque tout commence là, au début de la vie. C'est à cette conscience que Sonia, véritable sourcière, nous éveille. Puisse l'enchantement opérer sur vous.

Nathalie Lancelin-Huin

# Avant-propos

## Pourquoi une nouvelle édition de mon livre ?

Trois heures du matin.
Voilà plusieurs nuits déjà que je me réveille à la même heure.
Tout se bouscule dans ma tête.
Écrire sur mon « métier passion », j'en ai tellement envie.

« La vie est faite de rencontres » n'est pas une phrase bateau. J'espère que vous en avez aussi fait l'heureuse l'expérience.

Depuis que notre École du Bien Naître a vu le jour, **je ne cesse d'avancer dans mes réflexions, nourrie de toutes ces belles formatrices arrivées d'horizons différents.** Elles m'apprennent et me font progresser, certaines sur la libération des émotions durant la grossesse, d'autres sur les empreintes transgénérationnelles et puis, bien évidemment, sur la vie intra-utérine.

**Près de 2 000 élèves ont poussé notre porte,** souvent issus du milieu médical. Ils viennent partager leurs expériences, leurs souffrances dans un système hospitalier en difficulté. Ils viennent chercher l'humanité dans les soins, l'accompagnement bienveillant et ce désir d'aider les parents.
Rendement et efficacité ne font décidément pas bon ménage avec naissance et accompagnement du nouveau-né.

## Tant de sujets à partager

**Sans un monde sensoriel, sécurisant, affectif, le bébé ne peut pas se développer harmonieusement.**
J'aimerais faire prendre conscience qu'*in utero*, déjà, le fœtus ressent les émotions de sa maman, qu'il ne fait qu'un avec elle et qu'il ne fera qu'un encore après la naissance, pendant plusieurs mois.
J'aimerais dire l'importance du premier regard, du premier accueil, du premier jour, de la première semaine.
J'aimerais valoriser la place du second parent, l'importance de son rôle de soutien et de protection de la bulle maman-bébé, l'impliquer pour créer de l'attachement avec son bébé et une union familiale.

## La libération de la parole

Les dépressions post-partum ne cessent d'augmenter, car les parents ne sont pas assez préparés à ce bouleversement de vie, à ce tsunami émotionnel. L'isolement est un vrai problème. Les séjours en maternité sont de plus en plus courts, l'accompagnement presque inexistant.
**Heureusement, les tabous tombent et les langues se délient.** Une solidarité et un soutien entre femmes s'organisent. Elles osent parler et dire, enfin, qu'elles n'ont pas aimé être enceintes, qu'elles ont rejeté leur corps pendant et après la grossesse, qu'elles n'ont pas eu le coup de foudre pour leur bébé, qu'elles ont perdu leur liberté, qu'en tant que mères, elles ont du mal à retrouver leurs places de femmes et d'amoureuses.
Dans cet état d'esprit, **le rendez-vous avec leur bébé pourrait être manqué.** Prendre soin d'une maman revient à prendre soin de son bébé. Mon rôle et mon envie ? Accompagner toutes ces mamans, les réconcilier avec leur corps, créer le courant électrique d'amour entre elles et leur bébé. C'est une question de santé publique et un enjeu pour demain. J'ai conscience de l'importance d'être auprès d'elles, de prendre soin d'elles dans ces moments-là.

## Une lourde pression sur leurs épaules

Quand va-t-il faire ses nuits ?
Arrêter de pleurer ?
Passer à quatre repas ?
Marcher ?
Moins déranger nos vies si bien organisées avant... ?
**Ces bébés nous disent que tout va trop vite.** On ne peut pas leur reprocher de ne pas nous interpeller ! Si seulement on prenait le temps de les écouter...
À nous qui sommes de plus en plus impatients, ils réapprennent (ou apprennent) à ralentir, à se reconnecter à la vie, à s'émerveiller.
Par ce livre, j'aimerais vraiment expliquer que la vie du nouveau-né (et du jeune enfant) est difficile. Vous êtes là pour soutenir vos enfants et en faire des adultes prêts à affronter sereinement les événements heureux ou tristes de la vie, le stress...
**Vous allez faire ce que vous pouvez, vous tromper, recommencer et c'est normal.**
Soyez fiers de vous, les parents, soyez fiers de vos enfants. Acceptez vos imperfections, elles vous vont si bien.

## Un changement notable de la société

Avec le rapport de la commission d'experts « Les 1 000 premiers jours », remis par Boris Cyrulnik (neuropsychiatre) à Adrien Taquet, secrétaire d'État en charge de l'Enfance et des Familles, je constate une évolution dans le bon sens. La société semble prendre conscience du fait que les enfants d'aujourd'hui sont bel et bien les adultes de demain.
Ces 1 000 premiers jours sont effectivement une période essentielle pour le bon développement et la construction de l'enfant, qui débute au quatrième mois de la grossesse et court jusqu'aux 3 ans de l'enfant.

Voilà toutes les raisons qui m'animent et me portent chaque jour. Je suis au service des bébés, à l'écoute des parents, je connais leurs doutes, leurs peurs, leurs culpabilités, leur isolement. **J'espère être pour eux, mais aussi et surtout pour les bébés, une main tendue, une oreille bienveillante.**

Prenez soin de vous !

# 40 années au service des bébés

Certaines vies se déterminent à la naissance ; je pense que la mienne le fut dès mon premier jour…
Née en Tunisie, je suis la troisième d'une fratrie de six. N'étant pas le garçon tant attendu par mes parents, je réalise aujourd'hui que ma naissance a déçu.

## Le début d'une vocation

C'est en 2013, suite à un flash, endormie dans un avion, puis lors d'une séance d'hypnose éprouvante que j'ai ressenti avec force l'émotion négative qui a accompagné ma venue au monde. Comme pour nous tous, ma mémoire intra et extra-utérine était restée ancrée au plus profond de moi avec ce souvenir douloureux chevillé au corps.
**Tout s'est alors éclairé pour moi : mon attachement pour les nouveau-nés, l'impression de si bien les comprendre, au point de me sentir « l'interprète des bébés », et bien sûr le choix de mon métier…** Un métier qui prend encore plus tout son sens. Un métier passion, un métier vocation, un métier avec une véritable mission : transmettre un message de bienvenue aux bébés, les accueillir dans ce monde quels qu'ils soient, car je suis bien placée pour savoir qu'ils sont des « éponges » à émotions et que resteront gravés en eux l'atmosphère et les sentiments qui les entourent à leur naissance. Les premiers sentiments, les premiers soins, les premiers regards doivent être bienveillants.

## Maman avant tout

À 17 ans, je décide d'embrasser la carrière d'auxiliaire de puériculture. À 21 ans, je deviens maman pour la première fois. J'ai beau être une professionnelle, avec mon mari Henri, nous sommes dans le même bain que les jeunes parents : les interrogations permanentes, les angoisses de ne pas savoir comment calmer les coliques de notre bébé, interpréter ses besoins… **Je suis une maman**

**comme les autres : certains soirs de découragement, il m'arrive de pleurer avec ma fille.** D'autant que je rencontre des difficultés à l'allaiter et qu'étant du métier, je n'oserai jamais demander de l'aide et finirai par abandonner. Une erreur que je ne commettrai pas avec mes trois autres bébés…
Durant ces années, je suis au service de mes enfants – je le suis toujours – et je gagne en maturité. Ce n'est pas facile de concilier travail et enfants, cela demande des sacrifices et parfois aussi de privilégier son rôle de mère à celui de femme. Avec mes enfants, j'ai connu l'allaitement compliqué et douloureux, les nuits difficiles, les joies, les angoisses, les soirées aux urgences. Grâce à eux, j'ai appris la patience, l'observation et l'écoute. J'ai fait évoluer mes pratiques en développant le respect, l'accueil et la confiance mutuelle. Je sais désormais aussi que toutes les phases difficiles finissent par passer.

## De la pratique à la révélation

Finalement, j'ai appris autant avec ma tribu à la maison qu'à l'école de puériculture. Autant à « l'école de la vie » avec mes propres bébés que sur le tas avec tous ceux que les parents ont bien voulu me confier.
À mes débuts, novice dans une petite structure, la clinique du Pré-Gentil de Rosny-sous-Bois, j'applique à la lettre ce qu'on m'a enseigné à l'école et notamment pour les bains, qui se font dans les pleurs. Néanmoins, j'apprends vite : je tends l'oreille dès qu'une information circule, que ce soit en obstétrique, en pédiatrie… Les fonctions d'auxiliaire de puériculture me semblent trop restrictives et instinctivement, j'ai envie d'aller au-delà de ma « fiche de poste ». De belles rencontres professionnelles vont me permettre de me dépasser.
1998 marque un tournant décisif dans ma carrière. J'entre à la clinique du Bien-Naître à Paris. Cette maternité se veut à la pointe de l'accouchement physiologique. Elle accueille dans ses murs le groupe Naissance : six sages-femmes libérales (dont un homme) et un obstétricien, le docteur Wrobel. Ce groupe s'est donné une mission : un accompagnement global de la naissance, un accouchement physiologique sans surmédicalisation, une prise en compte de l'être humain dans sa totalité. Une des professionnelles du groupe s'appelle Claude Vouillot. Elle me fait découvrir une autre approche de la naissance et me permet d'assister à quelques accouchements. L'ambiance de la salle de travail est très différente de ce que je connais : des guirlandes de lumière douce, une musique – choisie par les parents – enveloppe la pièce, paisible. La naissance se fait dans un respect total du bébé et de la femme.

On lui redonne la capacité de savoir quand et comment pousser. On ne brusque pas le petit, on le laisse arriver tranquillement, lentement. Plus tard, lors de visites en suites de couches, j'observe Claude qui prend le temps d'accompagner et d'entourer au mieux les jeunes parents et leur bébé. La sage-femme reste près d'une heure. Elle écoute la patiente, la rassure dans ses débuts de maternité, parfois difficiles.
Un jour, en salle d'accouchement, Claude me tend un flacon d'huile pour masser les lombaires d'une mère en plein travail. Je la regarde, étonnée, en lui signifiant mon inexpérience. Elle insiste : je dois me faire confiance. Mes mains glissent sur le dos de la femme, le long de ses reins. Je suis mon instinct. Je sais que les contractions qu'elle ressent sont très douloureuses, j'ai vécu les mêmes à quatre reprises. Je la masse comme j'aurais aimé l'être dans ces moments-là. La naissance d'Augustin (voir p. 19) est magnifique. Les soins ne se font pas tout de suite, nous le laissons un long moment tout contre sa mère : c'est le temps de surveillance médicale d'une femme qui accouche. Plus tard, cette maman me remerciera chaleureusement pour mon massage. Je suis surprise, heureuse et émue. Pour moi, ce que je viens de voir s'appelle tout simplement le respect de l'être humain, quelle que soit sa taille.
Une telle manière de procéder est pour moi une révélation, et même un choc : après de si jolies naissances, une telle implication et un tel respect de l'individu, comment prendre le relais ? Comment puis-je contribuer au bien-être des bébés à mon niveau ? Quels soins leur prodiguer en tant qu'auxiliaire de puériculture, moi qui les soigne, les change, les baigne ?

## L'eau est la clé de tout

Le déclic viendra de l'eau, comme je le raconte dans mon chapitre sur les bains (voir p. 75). Après chaque garde, de retour à la maison, je cogite longuement sous ma douche. La douche est pour moi le moyen de décompresser de ma journée de travail : la caresse du jet sur ma peau libère toutes les tensions et finit par me procurer un état de profonde détente. Et si c'était la solution miracle pour mes bébés de la maternité : une douchette plutôt qu'un bain ? Aussitôt dit, aussitôt fait. Le lendemain, je tente l'expérience. Avant, je m'assure que je suis seule dans le poste de soins : je n'ai pas envie de passer pour une illuminée. Je déshabille l'enfant, je le mets dans l'eau et j'actionne la douche.
Et là, je n'en crois pas mes yeux : dans les secondes qui suivent, il s'abandonne, il s'endort presque... C'est trop beau ! Je me raisonne en me disant que j'ai sans

doute eu de la chance. Un peu pessimiste, je me dis que le prochain bain ne se passera pas aussi bien. J'essaie avec un autre bébé : le résultat est identique. Ma-gni-fi-que, j'en pleurerais ! Une auxiliaire arrive, je me sens obligée de baigner les autres petits de manière traditionnelle et là, je retrouve le bruit de fond habituel : les pleurs ! Alors, à chaque garde, dès que je le peux, je retente l'expérience. Une fois maîtrisé, je fais mon nouveau bain devant les parents : eux aussi sont ahuris par les réactions de leurs enfants.

Au fil des semaines, sans m'en rendre compte, je prolonge la durée du bain : au lieu des 3-4 minutes classiques, il passe à 10-15 minutes. Est-ce dangereux pour le bébé ? Non ! Est-ce que l'eau refroidit ? Non ! Celle qui coule maintient le bain à bonne température. Est-ce que le bébé pleure ? Non ! Au contraire, il est apaisé et profite pleinement… Malgré tout, il y a de rares échecs : pourquoi ? Je veux comprendre. Je dissèque mes gestes et mes actions. D'abord, un bébé qui a faim pleure quand on le baigne. J'aurais dû y penser plus tôt. Dès lors, j'explique aux parents qu'il est préférable de nourrir leur petit avant les soins. Lorsqu'on prend le temps d'informer, tout se passe bien. Avec la pratique quotidienne, j'ai de plus en plus confiance en moi. Mes gestes gagnent en souplesse, ils sont moins réfléchis. J'ai encore davantage plaisir à baigner les bébés. J'en suis sûre, je peux aller encore plus loin… Je me laisse guider par le bébé. Mon bain incarne le spectacle de la vie intra-utérine qui se rejoue dans l'eau. Comment se fait-il que personne n'y ait pensé avant ?

D'une simple expérience, mon bain devient une évidence. Les bébés lui réservent un bel accueil ; les parents aussi : ce sont eux qui l'ont baptisé Thalasso Bain Bébé. Ce sera mon empreinte dans le monde des bébés, une empreinte que je cherche sans cesse à améliorer, que j'ai plaisir à voir pratiquer, que je suis prête à exposer dans les médias, que je suis heureuse de mettre par écrit dans ce livre que vous avez été nombreux à me réclamer. Il ne me reste plus qu'à vous en souhaiter une bonne lecture !

## Quelques dates clés

**1961 :** Naissance en Tunisie. Un parfum de déception flotte pour mes parents qui auraient aimé avoir un garçon.

**1979 :** Entrée à l'école de puériculture Paul-Strauss à Paris. À une seule condition pour mon père : que je réussisse !

**1980 :** Obtention de mon diplôme d'auxiliaire de puériculture. Joie et fierté ! À l'examen, je tombe sur la varicelle : le sujet que je connaissais sur le bout des doigts... Merci à ma bonne fée !

Premier poste à la clinique du Pré-Gentil à Rosny-sous-Bois. Ma mère avait croisé le directeur de l'établissement au marché et rapporté, au milieu de ses provisions, une promesse d'embauche pour moi !

Mon premier accouchement en salle. De la naissance de Zoé, je garde le souvenir ému des premières fois, une émotion toute particulière partagée avec sa maman, que j'ai soutenue du mieux que j'ai pu.

**1981 :** Mariage avec Henri.

**1982 :** Naissance de notre fille, Émilie. Je découvre un monde nouveau...

**1985 :** Naissance de notre fille Laura. Je suis moins novice et j'apprends que chaque enfant est différent.

**1988 :** Naissance de notre fils Anthony. Ce qui fonctionnait pour sa sœur ne lui convient pas forcément.

**1995 :** Naissance de notre fils Alex. Un petit frère aurait manqué à Anthony ! Et le compte est bon...

**1998 :** Débuts à la clinique du Bien-Naître et collaboration avec le groupe Naissance. Tout part d'une plaisanterie du directeur en me voyant changer la couche de ma nièce et me voilà engagée pour un poste de nuit.

**1999 :** Naissance d'Augustin : LA naissance révélation. Je veux contribuer au « bien naître » des bébés, et le déclic viendra de l'eau. Le futur Thalasso Bain Bébé voit le jour...

**2006 :** En parallèle, je m'intéresse aux massages à travers le livre *Shantala*[1], une référence du massage bébé, que je propose désormais d'enseigner lors de mes visites à domicile.

**2008 :** Départ pour La Muette, après trois appels d'Édith, la responsable de la clinique devenue une amie. Ma méthode fait l'originalité de cette maternité. J'ajoute de la musique à mes bains, j'améliore la sortie de l'eau parfois encore délicate.

**2011 :** Première vidéo d'un Thalasso Bain Bébé lors d'une présentation de la maternité, intitulée « Naître autrement », à la mairie du XVI$^{e}$ arrondissement de Paris, diffusée sur YouTube quelque temps plus tard. Le nombre de vues explose.

1 *Shantala, un art traditionnel, le massage des enfants*, Frédérick Leboyer, Le Seuil, 1976.

**2013 :** Premier Thalasso Bain Bébé avec des jumeaux. La vidéo sera vue plus de 49 millions de fois sur YouTube. C'est la folie médiatique : je suis contactée par RTL2, M6, *Direct Matin*, *Le Nouvel Observateur*, *Elle*, *Parents Magazine*, France 2... sans compter la presse et les télévisions à l'étranger...

Séance d'hypnose « choc » qui me révèle le souvenir de ma naissance et me conforte, si besoin était, dans mes choix.

Aix-en-Provence. Je forme mes premières ambassadrices au Thalasso Bain Bébé, Sandrine et Marie-Jo. Et ce ne seront pas les dernières, car les demandes de formation affluent du Canada, de Belgique, du Brésil, d'Italie, d'Israël... De France aussi. Je suis contactée par l'hôpital Robert-Ballanger d'Aulnay-sous-Bois, une maternité de Lisieux, une autre de Marseille. Depuis, de nombreuses maternités proposent le Thalasso Bain Bébé : celle d'Aix-en-Provence, d'Aulnay-sous-Bois, de Redon, d'Annecy, de Dax, de Créteil, d'Arpajon et bien d'autres.

**2015 :** J'ai la chance de tourner une publicité pour une grande marque de produits de soins pour bébés.

**2016 :** L'émission *La Maison des maternelles* sur France 5 s'intéresse à ma pratique et me consacre un reportage. La rédaction me contactera de nouveau en 2018 pour un second passage, à la suite du succès de mes vidéos.

**2018 :** Tout en continuant mes consultations à domicile, j'intègre le centre Espace natal dans le XVI^e^ arrondissement de Paris, où un médecin obstétricien me propose de faire partie de son équipe. C'est un lieu dédié au péri et postnatal. J'ai toujours rêvé d'avoir un petit cocon consacré à mes soins de bébés. Mon rêve se réalise.

**2019 :** Un autre rêve se réalise avec l'écriture de ce livre qu'il a fallu enfanter. Bienvenue à ce « bébé » !

Clara, Charlotte et moi ouvrons l'École du Bien Naître, un centre de formation dédié à la parentalité qui fait la part belle à l'indispensable dimension psycho-émotionnelle. Notre objectif est de démocratiser l'accompagnement parental et d'améliorer la prise en charge du trio parents-bébé.

**2021 :** J'ose davantage parler de mon travail. J'ai longtemps gardé pour moi mes réflexions, mes remarques et mes ressentis autour de mon bain, comme si je pensais que personne ne comprendrait. Aujourd'hui, j'assume pleinement ma pratique et je veux la partager pour éveiller encore plus les consciences sur les émotions du bébé et l'importance de ce fameux et bouleversant passage d'un monde à l'autre. Certains parlent de thérapie, il me reste une pudeur à dépasser pour oser nommer mon bain ainsi.

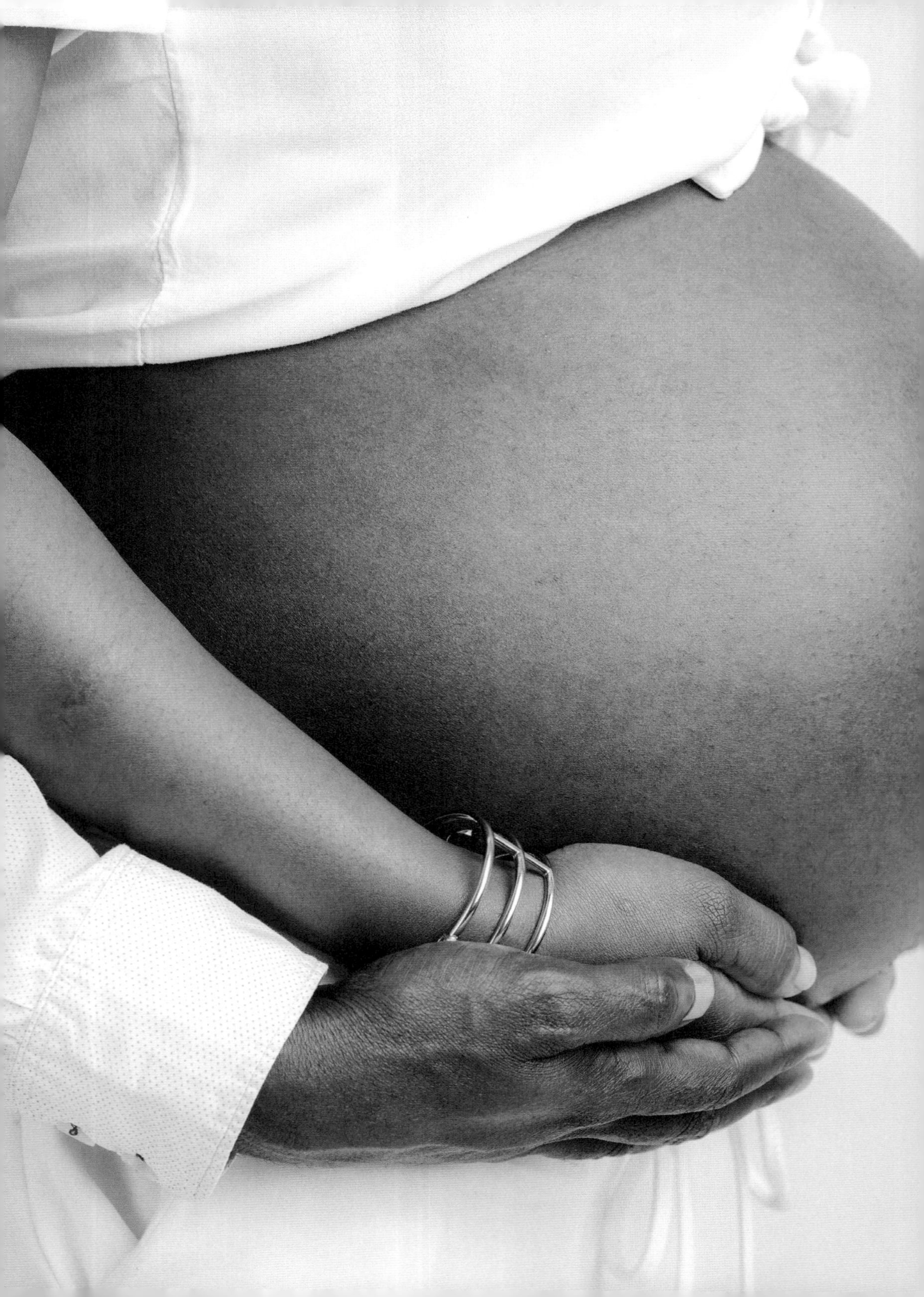

# Préparer la naissance

« On sait maintenant que la vie psychique commence dès les premiers instants, et même avant, *in utero*. »

Boris Cyrulnik

# Le projet de naissance

Le projet de naissance est une sorte de *wishlist* dans laquelle le couple exprime ses désirs, généralement pour un accouchement le moins « médicalisé » possible ou moins conventionnel, qu'il partagera avec le personnel soignant avant le jour J. Fortement plébiscité aux États-Unis et dans les pays d'Europe du Nord, le projet de naissance trouve peu à peu sa place en France.

## Comment élaborer un projet de naissance ?

Au cours de votre grossesse, vous pouvez échanger avec votre conjoint sur vos envies et désirs autour de l'accouchement. Le projet de naissance vous permet de mettre sur papier toutes vos interrogations, toutes vos envies, vos réflexions et vos doutes aussi. Vous devenez **actrice de votre accouchement et maîtresse de votre corps** ; à quelques semaines du terme, vous vous projetez dans l'arrivée concrète du bébé.
Passé cette première étape, vous pouvez **en parler à l'équipe médicale**.
Au moment de l'accouchement, les médecins, sages-femmes et autres soignants réévalueront vos attentes selon la progression du travail. **Gardez à l'esprit que vos envies ne pourront pas toujours être satisfaites selon la situation.** Soyez en tout cas assurée que l'équipe médicale mettra en œuvre toutes ses connaissances pour ne faire courir aucun risque ni à vous ni à votre bébé. Vous souhaitez, par exemple, vous passer de monitoring en continu, car la machine vous angoisse ? Faites-en part à votre sage-femme. Si votre demande ne peut être respectée – soit parce que le travail n'avance pas, soit parce qu'une souffrance fœtale est suspectée –, le monitoring devra être branché pour une durée qu'il est difficile de déterminer *a priori*. Votre sage-femme

prendra en compte votre stress et saura alors trouver les mots justes lors de l'accouchement.
À vous d'entendre ses arguments, de prendre en compte ses impératifs de sécurité, et à elle de comprendre votre demande. **Il s'agit de faire preuve d'écoute et de compréhension mutuelle.**

## Liste (non exhaustive) des questions à vous poser et à poser à l'équipe soignante avant le jour J

### Au moment de l'accouchement

- La personne qui sera avec moi au moment de l'accouchement.
- L'ambiance dans laquelle je souhaite accoucher (musique, lumière...).
- Je souhaite une péridurale rapidement pour ne pas sentir les contractions ou bien attendre le plus longtemps possible, voire m'en passer.
- La position dans laquelle je souhaite délivrer (sur le côté, à quatre pattes, accroupie).
- Je fais part de mes questionnements/peurs quant à l'épisiotomie, les forceps ou la césarienne.
- Je ne veux pas que la poche des eaux soit rompue.
- J'aimerais que le cordon ombilical ne soit pas coupé trop vite, que ce soit le papa qui le fasse.
- Je souhaite que mon compagnon soit présent à toutes les étapes.
- Je souhaite garder mon bébé en peau à peau le plus longtemps possible ou bien attendre d'être de retour dans ma chambre, reposée.
- Je souhaite accoucher en salle nature (ou pôle physiologique). C'est un espace destiné à une prise en charge plus naturelle, moins médicalisée. Les accouchements sans péridurale y sont privilégiés, et vous aurez à votre disposition du matériel (une baignoire pour vous relaxer pendant la dilatation, des lianes de suspension pour vous étirer, des ballons de naissance pour positionner votre bassin...). Attention toutefois : les accouchements « à risque » ne pourront pas avoir lieu dans ces salles.

### CAROLINE

*« Il n'était pas concevable pour moi de subir mon accouchement plus que de le vivre ! Avec mon mari et moi, l'équipe médicale a rédigé un projet de naissance qui tenait compte de nos attentes.*

*Avec le papa, nous souhaitions un accouchement le plus naturel possible. Je tenais à ce que chaque prise de décision me soit expliquée, à ce que la péridurale ne soit envisagée qu'en tout dernier lieu et à ce que je puisse garder mon bébé en peau à peau le plus longtemps possible.*

*Mes souhaits ont été respectés, et mon accouchement reste un souvenir merveilleux. »*

## Dans la chambre

- Mon conjoint peut-il dormir avec moi dans la chambre ?
- Je souhaite une chambre individuelle.
- Comment se passe le premier bain de mon nouveau-né ?
- L'alimentation que je souhaite donner à mon enfant : lait maternel ou en poudre ?
- Pourrai-je être accompagnée dans les débuts de l'allaitement, pas toujours évidents ?
- Pourrai-je garder mon bébé avec moi la nuit ou, au contraire, le confier aux auxiliaires de puériculture si j'ai besoin de me reposer ?
- Pourrai-je avoir des visites ? Pourrai-je les restreindre ?
- Pourrai-je quitter la maternité plus tôt si tout se passe bien ?

### VALÉRIE

*« À sa naissance, mon fils a fait des hypoglycémies[2]. Moi qui avais envisagé l'allaitement exclusif au sein, j'ai dû y renoncer : pour rééquilibrer sa glycémie, je devais lui donner des biberons supplémentaires de lait maternisé. »*

2 Taux de sucre insuffisant dans le sang.

Le projet de naissance est pensé pour que vous puissiez exprimer toutes vos envies, demandes et doutes. Votre accouchement sera un moment unique, alors ne vous limitez pas et ne jugez pas vos envies irréalisables, vous éviterez ainsi toute frustration après la naissance.
Il est toutefois important de garder en mémoire que **votre projet, même le plus abouti possible, peut être bouleversé à tout moment par un événement imprévu** (problèmes de logistique, salle d'accouchement ou matériels non disponibles, absence d'une personne de l'équipe médicale, ou encore problème de santé). Malheureusement, personne n'est à l'abri d'une mauvaise surprise.
Bien que je vous souhaite un accouchement sans anicroche, je vous livre ci-dessous quelques raisons médicales qui pourraient perturber vos demandes :

- si le travail devient trop long ou laborieux ;
- si la dilatation du col vient à stagner ;
- s'il y a une disproportion fœto-pelvienne (le bébé est trop gros par rapport à la largeur du bassin de la mère), la césarienne peut être la seule issue ;
- si le bébé se présente mal – soit en siège, soit la tête mal fléchie ;
- si la mère a une forte fièvre et qu'elle est en hypothermie, le bébé risque une infection ;
- si le bébé présente des anomalies du rythme cardiaque (bradycardie – ralentissement qui peut être lié à une compression du cordon ; tachycardie – accélération qui peut être due à une infection maternelle, fœtale ou causée par la péridurale...) ;
- enfin, en cas de poussée d'herpès vaginal, aucune discussion n'est possible : ce sera la césarienne. Il s'agit d'une infection due au virus appelé *Herpes simplex*, et le risque de transmission de la mère à l'enfant est très élevé. Pour les cas connus d'herpès chez la femme, au cours des dernières semaines de grossesse, il lui sera prescrit un traitement antiviral préventif pour limiter le risque de poussée. Sachez que le risque de transmission au fœtus est pratiquement nul pendant la grossesse. Mais au moment de l'accouchement, en passant par les voies naturelles, le bébé est en contact avec les muqueuses génitales. Il peut donc rencontrer le virus. Le corps médical craint alors une infection neurologique grave appelée « méningo-encéphalite ».

**L'équipe médicale tentera de respecter au mieux vos choix, mais vous devrez leur faire confiance si vous venez à être confrontée à des complications.**

### ALEXIA

*« Pendant mon accouchement, rien ne s'est passé comme prévu ! J'avais rêvé d'une naissance physiologique sans péridurale. J'imaginais aussi que, juste après la naissance, j'allais faire du peau à peau et donner une tétée.*

*Finalement, j'ai dû accoucher par césarienne : il fallait faire vite, car mon bébé était en souffrance fœtale… À mon réveil, j'étais dans la plus grande confusion. Je ne me souvenais plus de rien et je regardais le bébé qui se trouvait dans son berceau à mes côtés comme un étranger. L'anesthésie avait rompu notre lien. Un cauchemar dont j'ai mis du temps à me remettre !*

*Heureusement, j'ai surmonté les conséquences de la césarienne et l'allaitement s'est très bien passé : ma fille s'est mise à téter très vite et tout est rapidement rentré dans l'ordre ! »*

## Des accouchements moins conventionnels

Même si la majeure partie des femmes accouche de manière classique à la maternité (péridurale, sur le dos, pieds dans les étriers…), il existe d'autres options. N'hésitez pas à vous renseigner auprès de votre maternité ou d'une sage-femme de quartier pour savoir ce qui est possible dans votre région.

### Accouchement dans l'eau

Dans les salles nature, vous trouverez une baignoire de dilatation. L'immersion dans une eau chaude (à environ 34 °C) soulage des douleurs de contractions, assouplit le périnée et aide à la dilatation du col.
Si tout se passe sans anomalie, le bébé naîtra dans l'eau, puis en sera sorti assez rapidement afin d'être posé sur la poitrine de sa mère.

### Accouchement à domicile (AAD)

Il concerne uniquement les grossesses qui ne présentent aucun risque ni difficulté particulière. Il est assez controversé dans le milieu médical compte tenu du risque de complications existant.
Au XX$^{e}$ siècle, l'accouchement en milieu hospitalier s'est généralisé. Aujourd'hui, les femmes s'intéressent à nouveau à l'accouchement à domicile, qui reste marginal, 1 à 2 % des futures mamans y ayant recours.

## Lettre de bébé

« Dans mes cellules et dans mon âme est gravé ce jour où vous vous êtes unis pour déclencher le début de mon existence.

Je suis alors devenu, pour les médecins, un embryon, et pour mes parents, leur enfant.

Chaque jour, chaque semaine, j'ai senti mon corps se développer, se construire.

Peu à peu, de nouvelles sensations sont apparues : j'ai goûté, senti, touché et surtout entendu.

J'entends depuis toujours le cœur de ma mère, comme le rythme du temps, pendule douce et rassurante de ma vie.

Je distingue votre voix, chers parents, un peu plus distinctement chaque jour. Vous me parlez, vous échangez avec le monde extérieur, et j'écoute.

Oh, je ne fais pas qu'écouter vos voix ou apprécier vos caresses ! Je les ressens, puissamment. Je vous entends vivre, je découvre chacune de vos émotions, surtout les tiennes, ma mère, à qui je suis relié.

Au fil des jours, je les ai entrevues, nous nous sommes connectés et je les appréhende de plus en plus, de mieux en mieux.

Mais vous, vous ne savez encore rien de moi. Parfois, je me demande si vous allez m'aimer, m'accepter comme je suis, ne pas être déçus que je sois une fille ou un garçon. M'accueillerez-vous sans réserve ?

Je n'ai pas vos connaissances. Dans cette vie, je pars de zéro et vous devrez m'apprendre tant de choses ! Vous allez devoir vous armer de patience.

Enfin, le temps est presque venu de sortir, tout mon corps le ressent, je suis à l'étroit maintenant dans ce cocon maternel. Je me place idéalement pour m'offrir à ce nouveau monde, au monde extérieur, pour rencontrer ma famille.

Comment est-il d'ailleurs, ce monde ?

J'espère que vous me laisserez m'habituer peu à peu à lui, moi qui n'ai connu que la chaleur, le calme, l'obscurité et l'eau.

Votre espace-temps n'est pas le même que le mien.

Votre rythme n'est pas le mien.

Votre environnement n'est pas le mien.

Mes premières heures seront toute ma vie alors que, pour vous, ce ne seront que quelques heures.

Sachez que je n'aurai que mes pleurs ou mon regard pour communiquer avec vous et me faire comprendre.

Laissez-moi arriver tranquillement, en douceur, sans violence, sans forcer, je ne demande que cela.

Je vais jeter toutes mes forces dans l'aventure qui me mènera jusqu'à vous.

Je viens vers vous avec tout mon amour.

Je suis un être en pleine conscience qui vous fait confiance et qui est heureux de vous découvrir.

Je rêve de ce moment où je rencontrerai mes parents « en vrai », quand je serai posé sur la peau de ma mère ou porté dans les bras de mon père.

Souriez-moi et je vous comprendrai.

Prenez-moi dans vos bras et je me sentirai protégé.

Faites de moi un être d'amour, confiant dans l'avenir, et je pourrai à mon tour offrir cette richesse et la propager. »

Pour vous accompagner dans cette démarche, il est indispensable que vous ayez à vos côtés une sage-femme de confiance, qui vous aidera à vous préparer pour le jour J.

**La maison de naissance**

C'est une alternative à l'accouchement à domicile. Encore assez rares en France, il en existe dans certaines villes (Paris, Grenoble, Nancy) et dans certains départements (Guadeloupe, Val-de-Marne, La Réunion, Isère, Tarn et Alsace). Elles sont beaucoup plus nombreuses aux Pays-Bas et au Canada. Les couples qui choisissent ces lieux veulent une naissance la plus naturelle possible et éviter la surmédicalisation de l'accouchement.
Afin d'assurer la sécurité de la maman et du bébé, les maisons de naissance se situent toujours à proximité d'une maternité, afin qu'un transfert en urgence soit possible si l'état de la mère ou de l'enfant le nécessite.

**Sans péridurale**

Vous pouvez aussi discuter avec le médecin anesthésiste lors de la consultation obligatoire. En France, 80 % des femmes accouchent sous péridurale, c'est le taux le plus élevé d'Europe. N'hésitez pas à demander si vous pourrez, par exemple, disposer :

- d'une péridurale autodosée. Avec ce procédé, vous dosez vous-même la quantité de produit d'anesthésie en fonction de la douleur ressentie, grâce à une pompe. Aucun risque de surdosage avec ce système très sécurisé ;
- d'une péridurale microdosée. Elle permet de bouger et se dissipe au moment de la poussée.

## Quand les choses ne se passent pas comme prévu...

Il arrive aussi parfois que vous rédigiez un projet de naissance et que rien ne se passe comme vous l'aviez imaginé. Mais vous l'avez compris, tous ces projets de suivi de grossesse, de naissance et d'accueil, d'allaitement élaborés en amont ne peuvent pas toujours se dérouler comme prévu le jour J.
Essayez donc de réfléchir à un « plan B », qui vous permettra peut-être de vous sentir moins frustrée, moins déçue.

- Vous rêviez de la salle nature, mais elle est occupée par un autre couple...
  → Quelles options m'offre la maternité ?
- En cas de césarienne...
  → Quand pourrai-je bénéficier du peau à peau ?

→ En attendant de sortir du bloc opératoire, est-ce que le papa pourra faire du peau à peau ?
→ Est-ce que ça compliquera mon allaitement maternel ?
- Si mon bébé doit être transféré…
  → Dans quel hôpital le sera-t-il ?
  → Est-ce que je serai transférée avec lui ?

N'oubliez pas qu'au bout du compte, une seule chose est importante : votre santé et celle de votre bébé.

## Deux valises pour un beau voyage

La naissance est un voyage… Et celui que vous vous apprêtez à faire sera sûrement le plus éprouvant et le plus marquant de votre vie. Il est donc tout à fait essentiel de bien préparer vos bagages.
Ma mère me disait toujours : « Ma fille, quand tu rentres dans ton huitième mois, prépare ta valise, car le bébé peut arriver à n'importe quel moment. »

### Que mettre dans la valise de bébé ?

Nous agissons généralement toutes de la même façon. Pour notre premier enfant, nous achetons joli ; pour le deuxième et les suivants, nous faisons pratique. Voici donc quelques conseils pour allier l'utile à l'agréable, et préparer du premier coup une valise pratique et jolie !
Sachez tout d'abord que la durée du séjour en maternité varie d'un établissement à un autre, qu'il soit public ou privé, et diffère en fonction de votre accouchement par voie basse ou par voie haute. En général, les jeunes mamans restent entre deux et cinq jours.
Lors de votre inscription à la maternité, vous avez sans doute reçu **une liste de « ce qu'il faut apporter le jour J »**, et vous avez sûrement ouvert de grands yeux en la découvrant ! Tout y est multiplié par 6 !
Tous ces vêtements ne seront pourtant pas de trop. Un bébé, lors de ses 2 premiers jours de vie, peut avoir besoin d'être changé plusieurs fois par jour, car les nourrissons ont tendance à régurgiter le liquide amniotique resté dans leur estomac. Rassurez-vous, c'est parfaitement normal !
Pour que l'organisation soit plus simple lorsque vous arriverez à la maternité, prévoyez une valise complète pour le séjour de votre enfant et, à l'intérieur,

## *La valise type de bébé*

**Le petit sac pour sa naissance**

- 1 body
- 1 pyjama
- 1 paire de chaussettes
- 1 brassière
- 1 bonnet
- 1 paire de moufles (facultatif)
- 1 gigoteuse

**Le nécessaire pour le séjour à la maternité (selon la saison)**

**En hiver :**

- 6 pyjamas épais
- 6 bodys croisés à manches longues
- 2 brassières ou gilets en laine
- 3 paires de chaussettes
- 2 serviettes de bain
- 2 gigoteuses
- 1 ou 2 bonnets
- Des bavoirs
- Des langes

**En été :**

- 6 pyjamas légers
- 6 bodys à manches courtes
- 2 serviettes de bain
- 2 gigoteuses légères
- Des bavoirs
- Des langes

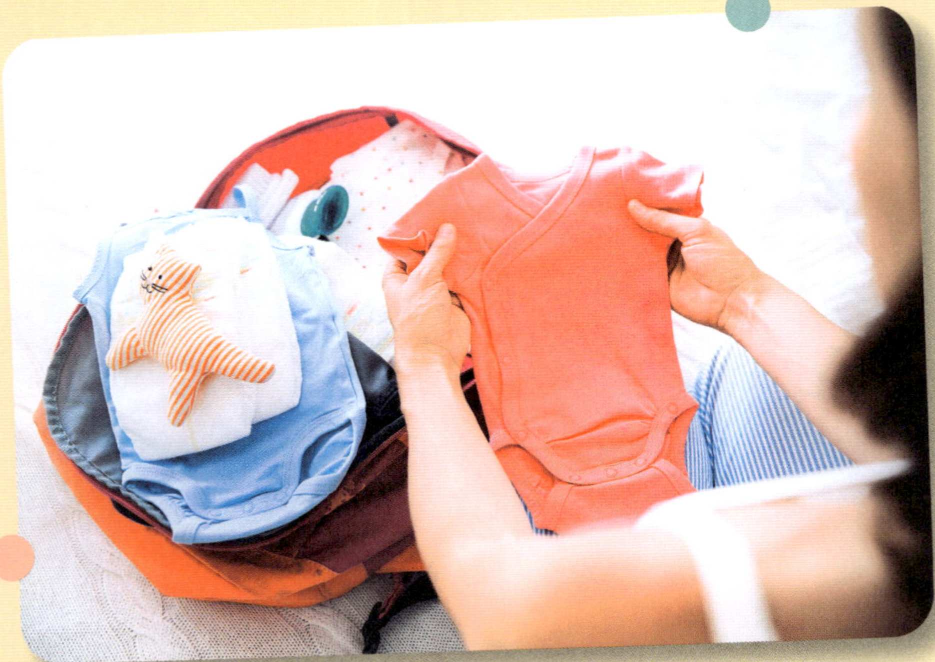

mettez à part dans un sac les vêtements que vous emporterez en salle de travail. Ce sera sa toute première tenue !
Posez le sac sur le dessus de la valise pour que le papa le trouve facilement, si besoin, le jour de l'accouchement.
Au fil de mes expériences avec les bébés, j'ai découvert à quel point les fabricants de vêtements regorgent de créativité, mais oublient souvent la praticité. Certains vêtements sont immettables : cols gigantesques, boutons minuscules, vêtements difficiles à enfiler par la tête par exemple.
**Concernant les bavoirs, différents modèles existent : semi-éponge, plastifié, en tissu. La meilleure option, selon moi, reste le « bon vieux » bavoir tout en éponge, ultra-absorbant.**
Prévoyez également plusieurs **langes**, ces carrés de coton déclinés aujourd'hui dans toutes les tailles et dans toutes les couleurs. Leur utilité et leur efficacité ne sont plus à prouver, tant ils sont multiusage : ils peuvent faire office de bavoir, de linge sur l'épaule au moment du rot, voire de tissu d'emmaillotage.
Pour le **pyjama**, les parents ont tendance à choisir un modèle qui s'attache devant, par peur de mettre leur bébé sur le ventre. C'est une erreur ! Le pyjama fermé dans le dos s'avère le plus pratique, le plus confortable et le plus enveloppant pour votre enfant. Et puis, en mettant votre nouveau-né quelques instants sur le ventre, vous lui permettrez de faire sa petite gymnastique quotidienne. Instinctivement, il relèvera la tête et travaillera ainsi en douceur les muscles de son dos et de sa nuque.
La **serviette de bain**, pour qu'elle soit confortable, doit être grande et en éponge.
J'attire votre attention sur la **gigoteuse**. Ce vêtement n'est pas très bon marché, mais il est impératif de le prendre à la taille de votre bébé, car si l'échancrure ou l'encolure sont trop grandes, votre bébé risque de glisser à l'intérieur.
Enfin, l'utilisation des **moufles** à la naissance est facultative. Votre bébé doit pouvoir se toucher le visage, découvrir ses limites, développer son toucher, sucer son pouce même, comme cela a pu être le cas dans votre ventre. Ses ongles, encore mous, peuvent griffer un peu sa peau, mais rassurez-vous, ces cicatrices superficielles disparaîtront bien vite.

### Petit pense-bête pour les tailles des vêtements

Si l'on vous annonce que votre bébé pèsera entre 2,5 et 2,8 kg, alors vous pouvez acheter des vêtements en taille naissance ; mais si votre bébé est estimé entre 3,3 et 3,8 kg, alors n'hésitez pas à prendre directement la taille 1 mois.

## Et votre valise, alors ?

Une seule règle : faites-vous plaisir !
Pendant les quelques jours que vous allez passer à la maternité, je vous conseille de ne pas rester en pyjama en permanence. **N'oubliez pas qu'il est important de prendre aussi soin de vous**, de vous faire du bien au moral et de garder votre petite routine matinale. En plus du strict nécessaire, prévoyez donc d'emporter tout ce qui pourra vous être utile en ce sens (dans la limite du raisonnable, bien sûr !).

**Voici une petite liste pêle-mêle des affaires à glisser dans votre valise :**

- Votre dossier de maternité (bilans, carte de groupe sanguin, carte d'identité, livret de famille, échographies...).
- Des vêtements confortables en coton.
- Des culottes en coton ou jetables si elles ne sont pas fournies par la maternité.
- Des serviettes périodiques.
- Votre trousse de toilette, votre maquillage, un savon de toilette intime, un brumisateur.
- Une veilleuse d'appoint, car l'éclairage des maternités n'est pas toujours adapté.
- Du linge de toilette.
- Des chaussons.
- Un ou deux pyjamas.
- Un gilet.
- Et si vous preniez la photo des aînés pour qu'ils soient toujours avec vous ?
- Des snacks, fruits secs, en-cas à grignoter (pour la salle d'accouchement et parce que les réveils nocturnes ouvrent l'appétit).

**Si vous allaitez :**

- Votre coussin d'allaitement, très utile aussi pour donner le biberon (voir p. 110).
- Des hauts qui s'ouvrent facilement, comme des chemises ou des tee-shirts conçus pour l'allaitement.
- Des soutiens-gorge ou brassières d'allaitement.
- Une crème contre les crevasses et quelques coussinets lavables.

Au-delà de tous ces conseils, n'oubliez jamais que votre valise doit vous ressembler et que bébé aura surtout besoin de vous.

## Des accessoires pour aller à l'essentiel

Vous connaissez désormais ma philosophie au sujet des bébés… De quoi ont-ils besoin pour être heureux et en bonne santé ? Avant tout de vos bras, de votre amour et d'avoir chaud !
Ne vous laissez donc pas égarer par les sirènes du marketing… Soyez consciente que nous vivons dans un monde de tentations qui vous sollicite au travers d'une multitude de gadgets inutiles, voire nuisibles, pour votre enfant. Or un objet mal utilisé peut s'avérer dangereux ! Il est donc important de faire les bons choix. Bien évidemment, ils dépendront aussi de vos habitudes et de votre mode de vie. Je vous propose un tour d'horizon non exhaustif des accessoires pour bébé qui vous permettront d'aller à l'essentiel.

### Les indispensables

Avant l'arrivée de bébé, je vous conseille de vous procurer les équipements suivants :

- Un **lit** avec un matelas ferme.
- Une **turbulette** (appelée aussi « gigoteuse »).
- Des **couches** (lavables ou non).
- Un nombre suffisant de **vêtements**.
- 3 **biberons**, goupillon, eau et boîte à lait si vous donnez le biberon.
- Un **accessoire de portage** comme une écharpe, un sling, un porte-bébé ou un tube.
- Un **siège-auto** si vous possédez un véhicule. En hiver, il vous faudra aussi une chancelière : ce nid d'ange chaud et douillet est conçu pour garantir le

contact des sangles avec le corps du bébé, de manière à assurer sa sécurité en cas de freinage.

- Une **poussette**.
- Un **thermomètre** tout simple (pas high-tech), à mettre sous le bras.
- Un **thermomètre de bain** : bien entendu, pour lui, c'est 37 °C.
- Un petit **ciseau à ongles à bout rond** (lancez-vous quand vous vous sentirez prête, lorsque votre bébé aura 3 semaines ou 1 mois).
- Une **brosse** toute douce pour coiffer bébé.

Nous vivons à l'ère des achats de seconde main. Si cette démarche est écologique, économique et lutte contre la surconsommation, attention tout de même à certains produits qui doivent être adaptés à bébé et ne pas garder la forme d'un autre nouveau-né. C'est notamment vrai pour le lit, dont il est préférable de changer le matelas, et pour les écharpes, dont il convient de vérifier qu'elles ne sont pas trop distendues.

### Les inutiles

Réfléchissez bien avant de vous lancer dans des achats inconsidérés. Voici ceux qui ne me semblent vraiment pas indispensables :

- Le **transat de bain,** car c'est votre bras ou votre main qui feront office de transat bien plus accueillant et confortable.
- La **baignoire préformée** : elle est rigide et ne recouvre pas suffisamment les bébés d'eau, donc ils la détestent !
- Le **coussin anti-tête plate**, qui limite la mobilité de la tête (je n'ai trouvé aucune étude validant cet objet).
- La **poubelle à couches**, car qui stocke des couches dans la chambre de son enfant ?
- Le **stérilisateur**, devenu obsolète. Voilà bien longtemps qu'on ne stérilise plus les biberons. ! Un bon nettoyage au goupillon avec un liquide vaisselle biologique est bien plus efficace.
- Le **thermomètre auriculaire ou frontal**. Le bon vieux thermomètre électronique, peu onéreux, est suffisant, voire plus efficace, pour les tout-petits.
- Le **cocon nouveau-né** est un investissement conséquent. Au départ conçu pour les prématurés, son usage s'est élargi aux bébés ayant des reflux, puis pour éviter la tête plate. Les bébés à reflux puissants pourront effectivement être soulagés, mais il n'a aucune utilité pour la dernière prescription, puisque le meilleur et le seul remède pour la tête du nourrisson reste la mobilité, que rien ne doit entraver. Il est déconseillé d'acheter un cocon

d'occasion, car il aura probablement la forme du bébé précédent et n'offrira donc pas toutes les garanties de sécurité.

- Le **tour de lit** : il est joli, mais peut s'avérer dangereux, car votre bébé risque d'enfouir son nez dedans et de s'étouffer.
- Ne vous équipez pas d'une **dizaine de biberons**, ceux-ci n'étant plus stérilisés, trois suffiront. Ils seront nettoyés au fur et à mesure de leur utilisation.
- Le **pèse-bébé** : en règle générale, une sage-femme passera deux ou trois fois chez vous à votre retour, parfois plus si nécessaire. En vous déplaçant dans une PMI (centre de protection maternelle et infantile), il est aussi possible de contrôler la bonne croissance de votre enfant.
- Le **transat balancelle** : oui, un transat peut vous être utile, par exemple pour un bébé souffrant de reflux qui ne peut pas être allongé trop vite après les repas, mais la balancelle, non.
- Un **désinfectant pour le soin du cordon** : le laver à l'eau et au savon, puis le sécher suffit amplement. Si vous allaitez, appliquer sur le cordon votre lait maternel anti-bactérien et cicatrisant est idéal.

## On peut s'en passer

- Le **coussin d'allaitement** : prendre le temps de bien s'installer avec un ou deux coussins peut être suffisant.
- Le **tire-lait manuel** : il s'avère moins efficace et moins rapide que le tire-lait électrique que vous pourrez louer.
- Le **chauffe-biberon** n'est pas indispensable, un bol d'eau chaude peut suffire : les recommandations sont de donner le lait avec une eau conservée à température ambiante. Or les bébés nourris au sein boivent du lait maternel à température corporelle et non à température ambiante, alors pourquoi les bébés alimentés au biberon devraient-ils boire du lait froid ? Une pédiatre m'avait interpellée en me disant : « Est-ce qu'en hiver, tu bois de la soupe froide ? » Elle m'a convaincue. Si vous souhaitez porter le lait à 37 °C, achetez plutôt des biberons en verre : ils seront plus sûrs pour réchauffer et tiédir le lait de bébé. La chaleur du lait réconforte et le rend plus digeste, *a priori*.
- Le **liniment oléo-calcaire** : le liniment n'est ni un produit de nettoyage ni une huile de massage. Il doit être utilisé sur une peau saine, lavée et séchée, donc, entre nous, à quoi sert-il ?

- La **cape de bain** : des serviettes classiques suffisent. Choisissez-les épaisses et grandes pour bien envelopper votre bébé et pour en profiter longtemps.
- Les **vêtements taille naissance** (voir encadré p. 36). Et si les premiers pyjamas sont un peu trop grands, mettez-lui une petite paire de chaussettes par-dessus pour maintenir ses pieds.

# Quelques semaines avant l'arrivée de bébé

## Prendre soin de soi avant l'accouchement

Il me semble vraiment important de vous rappeler que prendre soin de soi est important pendant ces neuf mois de transformations émotionnelles et hormonales. Il faut garder présent à l'esprit que, tout au long de votre grossesse, **pratiquer un sport adapté est important pour votre équilibre psychique et physique**. Il est toujours préférable d'en discuter avec votre sage-femme ou votre médecin avant de commencer un sport.
Voici quelques pistes si vous désirez vous détendre, soulager votre dos et votre bassin, ou vous préparer mentalement et physiquement à votre accouchement.

### L'ostéopathie de la femme enceinte

L'ostéopathie de la femme enceinte sera d'une aide et d'un soutien précieux pour soulager certains maux de grossesse : douleurs lombaires, articulaires ou ligamentaires, troubles digestifs, tensions. Souvent proposée à partir du quatrième mois, l'ostéopathie et ses réajustements vous aideront **à vous adapter à ce nouveau corps en plein changement postural**.
L'ostéopathie périnatale propose des techniques douces pour maintenir la mobilité de votre corps et le préparer à l'accouchement. Le bassin ayant des besoins bien plus spécifiques à l'approche du terme, les manipulations évolueront au rythme de votre grossesse.

## Le yoga prénatal

Développé par Bernadette de Gasquet et souvent complémentaire aux cours de préparation à la naissance, le yoga prénatal est un sport qui vous permettra de pratiquer des exercices physiques sans risque.
Périnée, bassin, respiration, relaxation, conscience : tous ces sujets et bien d'autres sont abordés lors des cours. Ce sport vous aidera à trouver un équilibre nerveux, avoir une bonne posture, respirer tranquillement et en conscience, avoir une bonne mobilité du bassin, pour vous préparer mentalement et physiquement à votre accouchement.
**Il est très indiqué si vous désirez pratiquer un sport doux et sans danger, si vous avez des douleurs dans les jambes, dans le dos, ou encore si vous voulez être actrice de votre accouchement, pour une naissance plus naturelle.**

## La méditation

Pratique courante du bouddhisme et de l'hindouisme, la méditation est une méthode de relaxation de l'esprit et du corps basée sur l'écoute de soi et de sa respiration, simple et à la portée de tous. La méditation est une pratique sans risque qui vous entraîne dans le silence et la tranquillité de votre intériorité pour **vous connecter à votre bébé et vivre votre grossesse en pleine conscience**. Par ailleurs, le fait de bien oxygéner son corps aide à l'apaiser et à **faire circuler l'énergie interne**.
Une pratique régulière – une séance quotidienne de quelques minutes – représente un atout important pour vivre pleinement ces neuf mois bouleversants. Car une maman heureuse et calme fera un bébé heureux et calme.
Si vous vous posez beaucoup de questions, que vous êtes angoissée, stressée, la méditation va vous aider à vous détendre et à lâcher prise pour vivre pleinement cette période extraordinaire qu'est la grossesse.
**La méditation diminue également les risques de développer un syndrome dépressif du post-partum.**

## Le Pilates

Ce sport est recommandé tout au long de votre grossesse, même si, au fil des mois, certaines des 35 postures que compte cette discipline ne vous seront plus accessibles. Il regroupe des exercices effectués tout en contrôle et en prenant conscience de sa respiration, pour un **renforcement musculaire complet, et**

**notamment du plancher pelvien (le fameux périnée).** La tonification de ces muscles très sollicités préviendra les risques d'incontinence urinaire et facilitera la reprise des rapports sexuels.
Guidée par un professeur, vous utiliserez le step, le ballon, l'élastique au gré des exercices, toujours en vous écoutant et sans forcer.

# La place de l'enfant dans la fratrie

## Votre premier enfant fait de vous des parents

Comme disait Simone de Beauvoir : « On ne naît pas femme, on le devient. » Je crois que c'est pareil pour la « fonction » de parent. Aucun mode d'emploi pour bébé n'existe ni pour parents.
**Lorsque vous entrez en première année de parentalité, tout est à apprendre, à découvrir, tout vous inquiète, tout vous fait nous culpabiliser.** Vous vous perdez dans les conseils. Vous êtes fragile. Vous n'osez pas parler, ni pleurer, ni exprimer vos états d'âme. La magie tant attendue n'est pas toujours au rendez-vous.

## Votre deuxième enfant arrive et aide au lâcher-prise

Moins d'angoisses, moins de panique, mais une autre culpabilité vous guette parfois : celle d'être passée à côté de plein de choses avec votre aîné, car vous étiez trop préoccupée à appliquer les consignes, les protocoles, les conseils venus de toutes parts, à essayer d'être la maman parfaite, sans y parvenir heureusement. **Vous avez souvent l'impression d'être une meilleure maman avec le deuxième qu'avec le premier.**
Et quelle maman n'a jamais pensé : « Je ne pourrai pas aimer mon deuxième enfant comme j'aime mon aîné » ? Je crois que vous êtes juste la même maman, pourvue d'un peu plus de maturité, de connaissances et de conscience. À chaque enfant, vous évoluez, vous grandissez.
Mais vous avez tellement lu ou entendu de choses à propos de la rivalité dans la fratrie, de la jalousie de l'aîné que l'angoisse et la culpabilité montent, comme à chaque fois ! Vous vous excuseriez presque auprès du premier enfant d'en avoir un deuxième.

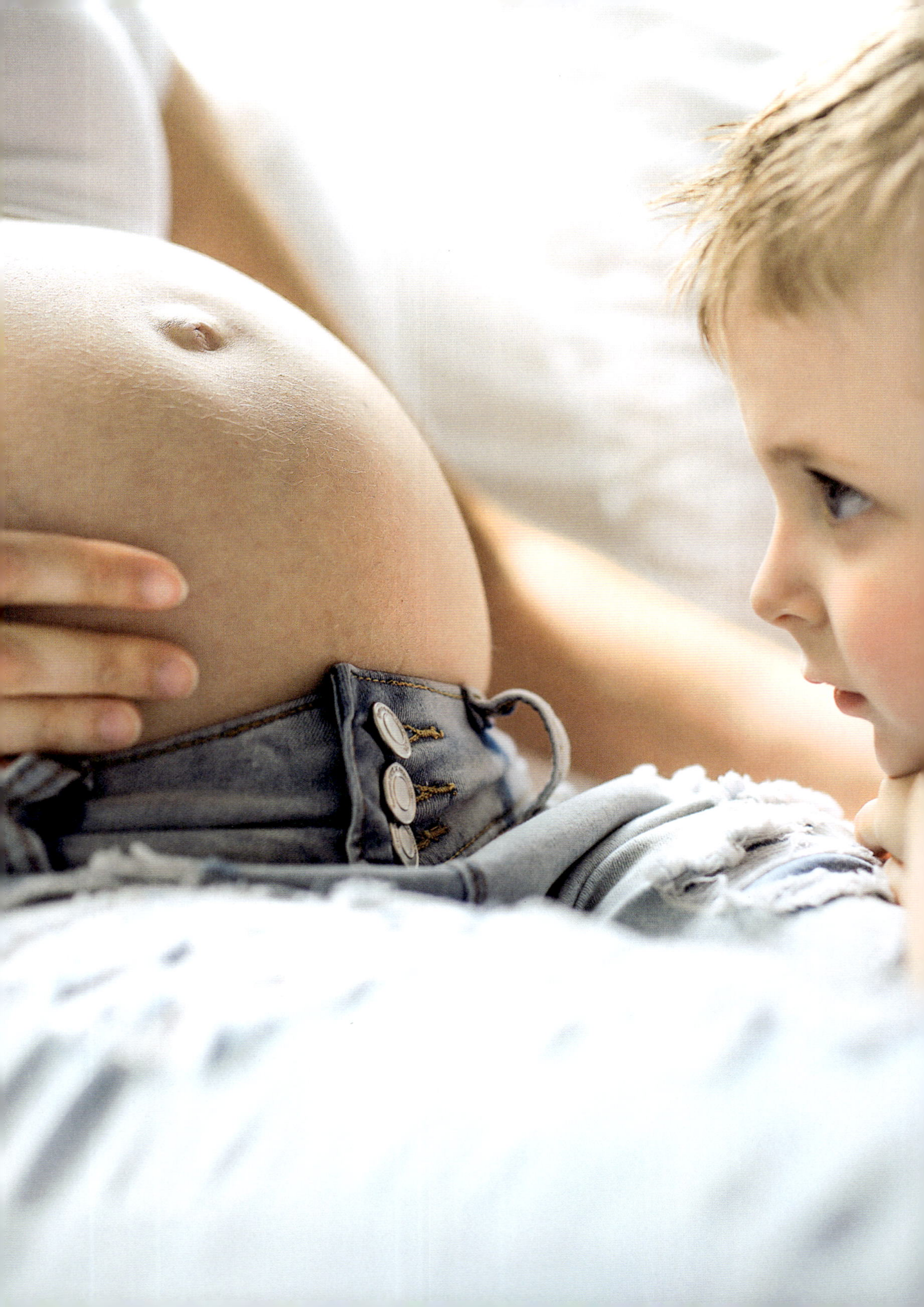

Votre « grand » peut passer par des émotions fortes, parfois violentes, mais vous pouvez toujours l'accompagner, lui expliquer et le rassurer. Ces réactions sont saines puisqu'il les verbalise.
Soyez, dans la mesure du possible, patiente et disponible. Dans ce contexte, le second parent tient une place importante pour vous soulager et être une oreille attentive, même si deux nouveaux sentiments risquent alors de naître en vous : « Mon aîné m'en veut... il préfère son père »...
**Il est temps de lâcher prise... et de faire en sorte que cette nouvelle naissance soit, pour votre aîné, une magnifique occasion de complicité.** Car ce que vous lui offrez, c'est une fratrie pour la vie.
Une fois assuré de votre amour, votre premier enfant accueillera son frère ou sa sœur avec bonheur, et votre famille naviguera entre tendresse et amour.
Ah, mais ce n'est pas tout ! Avez-vous entendu dire que, dans une famille de trois enfants, la position du deuxième est très compliquée ? Je crois, pour ma part, qu'il y en a assez de toutes ces idées reçues, de ces peurs inconscientes distillées aux mères et futures mères. Ne vous laissez pas formater, car ces situations n'arriveront sans doute pas.
**N'appréhendez plus. Vous y arriverez, comme des générations entières de femmes l'ont fait avant vous.** Une chose est sûre et indiscutable : votre amour pour un premier ou un deuxième... est le même. L'amour ne se divise pas comme des parts de gâteau, car il est infini.
Profitez, c'est tout.

## Et pourquoi pas une *baby shower* ?

L'accueil de votre bébé peut se préparer à l'avance. Très courante chez les Américains depuis le début du XX^e siècle, la *baby shower* réunit les proches des futurs parents : famille, amis, voire collègues lors d'une journée festive pour célébrer l'arrivée prochaine d'un heureux événement. Véritable « douche de cadeaux », elle est l'occasion de recevoir présents et affaires pour le bébé et se déroule dans une ambiance « bon enfant », généralement lors du troisième trimestre de grossesse. Ce moment d'échange et de convivialité propice à la détente vous permet de vous sentir entourés, vous et votre bébé *in utero*, de tout l'amour et la bienveillance de vos proches. Vous saurez que vous pouvez compter sur eux dans les moments les plus délicats de votre toute nouvelle parentalité.

Certains parents préfèrent attendre la naissance du bébé, afin d'être sûrs que tout se passe bien, avant de fêter cette arrivée au monde.

## Profitez-en pour proposer le petit jeu du vrai ou faux ?

Pour jouer avec vos invités, je vous propose un « vrai ou faux » qui compile les réflexions les plus amusantes et les idées reçues que j'ai dû affronter dans ma carrière.

- **Les vrais jumeaux ont les mêmes empreintes.** Faux. Ils ont le même ADN, mais des empreintes digitales différentes.
- **Un bébé qui hoquette est un bébé bien portant.** Faux. Le hoquet est physiologique. Sachez que votre enfant l'a déjà dans le ventre de sa mère. En règle générale, le hoquet ne fait pas souffrir, ne gêne pas et n'est pas le signe qu'un bébé est mieux portant qu'un autre.
- **Il faut laisser bébé pleurer pour qu'il se fasse les poumons.** Faux. Ses poumons sont faits. S'il pleure, c'est parce qu'il a faim, mal… ou tout simplement besoin de décharger l'énergie accumulée. On évite le plus possible de le laisser pleurer.
- **On perd une dent par grossesse.** Faux. Cependant, les changements hormonaux peuvent rendre vos dents plus fragiles. Il importe donc d'avoir une bonne hygiène bucco-dentaire et de prendre rendez-vous chez le dentiste pendant votre grossesse.
- **Les taches dites « de vin » ou les « fraises » sont le résultat d'une envie non satisfaite pendant la grossesse.** Faux. Elles sont simplement des anomalies des vaisseaux sanguins qui, dans la plupart des cas, disparaissent en quelques mois ou quelques années. Elles sont en général sans gravité.
- **Un petit ventre : un petit bébé. Ventre pointu, c'est un garçon. Ventre rond, c'est une fille.** Faux. La forme du ventre dépend de la position de votre bébé, de la quantité de liquide amniotique et du type de grossesse (unique ou multiple).
- **On a davantage de nausées lorsque l'on attend une fille.** Vrai. Une étude l'a prouvé. Les défenses immunitaires sont plus sollicitées que chez les femmes qui attendent un garçon. Pour se défendre, le corps développe donc des symptômes plus invalidants quand le bébé est de sexe féminin !

- **Enceinte, il n'est pas bon de dormir sur le ventre.** Faux. Dormir sur le ventre ne cause pas de problème. Le bébé est bien protégé par la cavité utérine, elle-même remplie de liquide amniotique. Faites confiance à votre bébé : s'il est dans une position inconfortable, il vous le signalera.
- **Césarienne un jour, césarienne toujours.** Faux. 50 % des femmes qui ont une césarienne lors de la naissance de leur premier enfant accoucheront par voie basse par la suite. Rentre en ligne de compte la raison pour laquelle elles ont subi une césarienne (bébé dodu, césarienne en urgence…). Quoi qu'il en soit, discutez-en avec votre obstétricien.
- **Les petits seins produisent peu de lait.** Faux. La production de lait ne dépend pas de la taille du sein, mais de la grosseur et de la répartition de la glande mammaire.
- **Il existe un régime alimentaire pour avoir une fille et un régime alimentaire pour avoir un garçon.** Vrai/faux. Aucune étude scientifique n'a été menée pour démontrer ou invalider cette hypothèse.

# Dès les premiers instants

« Si notre naissance avait été changée,
c'est-à-dire si nous avions été reçus,
rencontrés, comme il faut. Non pas comme
des objets mais comme des êtres, tout le
déroulement de notre vie en serait changé. »

Frédérick Leboyer

# La rencontre

Après avoir imaginé la venue de bébé, l'avoir senti bougé, lui avoir parlé, vous être préparée, le grand jour arrive. Vous êtes à la maternité et votre enfant va naître.

## Vous y êtes, plus qu'une poussée ou deux

« On voit ses cheveux, ils sont tout bruns, tendez vos bras et attrapez-le ! »
Voilà sûrement la phrase que vous allez entendre. Ce moment tant décrit est bien entendu fabuleux et je vous souhaite qu'il le soit pour vous, votre bébé et votre conjoint. Que ce soit le plus beau jour de votre vie.
Bébé est sorti. L'émotion vous submerge, vous avez un peu peur de le faire tomber. Vous le hissez sur votre ventre. Il est chaud et tout mouillé.
Ensemble, vous avez réussi ! Bébé a accompli son dur travail d'avancer progressivement à travers votre bassin, et vous avez rempli votre mission : vous l'avez accompagné, vous l'avez invité à vous rejoindre.
**Votre enfant a fait le plus éprouvant des voyages, il s'est lancé à votre rencontre, vers un nouveau monde, vers sa vie.** Il est bien normal qu'il soit fatigué, tout comme vous.
Il doit être submergé de sentiments, de ressentis, d'interrogations :
« Où suis-je ?
J'ai peur.
J'ai froid.
Je suis ébloui. »
Peut-être êtes-vous dans le même état, tremblante pour votre enfant, dans une joie indescriptible, un peu groggy, interloquée tant l'émotion de donner la vie est intense.
Que vous soyez parents pour la première fois ou pour la cinquième fois, le bouleversement est toujours le même !
Si vous ne connaissiez pas le sexe de votre enfant, la sage-femme laissera au papa le soin de vous l'annoncer. Il coupera aussi le cordon, d'une main tremblante et souvent les yeux embués.

Votre enfant posé sur vous, vous vous découvrirez, les yeux dans les yeux : ce sera le fameux regard du nouveau-né appelé « proto-regard », et dont je vous parlerai plus loin (voir encadré p. 103).

### ANAÏS

*« La rencontre, effectivement, c'est le moment le plus important : mademoiselle s'était mise à pleurer, et quand elle a entendu ma voix, elle a changé de comportement, elle m'a regardée et s'est calmée. C'est un moment inoubliable. »*

Beaucoup de pensées vont traverser votre esprit, et vous vous sentirez prise d'une véritable ivresse.

**Un temps d'adaptation est parfois nécessaire pour faire face à ce tsunami émotionnel.**

Je me permets de reprendre quelques-uns de vos commentaires envoyés sur mon compte Instagram, qui décrivent ce déferlement de bonheur : « Monsieur est tombé dans les pommes et moi j'ai eu du mal à réaliser que j'étais devenue maman. » « Pour moi, ce fut une inondation d'un amour intense et inexplicable, puis d'inquiétude (est-ce que bébé va bien), puis d'angoisse (vais-je bien faire, vais-je assurer quand je serai seule avec lui…). Et pour papa, beaucoup d'émotion et de fierté. »

Certaines mamans vivent ce qu'elles nomment un « trou noir », et leurs tout premiers souvenirs ne reviennent que plus tard. Les dernières poussées ont été si fortes, vous êtes tellement fatiguée après avoir jeté toutes vos forces pour aider bébé à sortir en bonne santé ! **Il arrive que votre cerveau se déconnecte de votre corps** pour mettre toute votre puissance dans la naissance de votre enfant.

### MARIE

*« J'ai tellement souffert lors de l'expulsion que j'étais soulagée d'avoir mon fils en bonne santé sur moi. J'étais sur un nuage. Je n'ai aucun souvenir d'avoir vu ni entendu mon bébé pleuré. Ce n'est qu'en regardant les photos que j'ai vu qu'il hurlait dans les bras de son papa. C'est indescriptible comme sentiment, cette première rencontre. Trop d'amour. »*

## Quand ça va trop vite...

Parfois, bébé naît très vite, voire trop vite.  Certaines mamans arrivent à peine à la maternité que leur enfant pointe déjà le bout de son nez. Elles n'ont pas eu le temps d'intégrer le processus de la naissance, de comprendre que l'arrivée du nouveau-né était imminente, de suivre le déroulement de leur accouchement, phase par phase.

**Si vous avez l'impression que votre accouchement vous a échappé, que vous avez du mal à vous remémorer tous ces moments, n'hésitez jamais à demander à votre conjoint qu'il vous raconte encore et encore l'événement :** cela fait du bien au cœur et à l'âme, Parlez-en aussi à la sage-femme, qui vous en fera un récit détaillé.

Pour bébé, une arrivée rapide peut être tout aussi bouleversante et surprenante. J'ai remarqué, et des femmes me le rapportent, que ces bébés ont souvent besoin d'être très contenus, portés et entourés plus longtemps.

## Quand les choses ne se passent pas comme prévu

Il y a la naissance que vous imaginez, que vous essayez de visualiser. Vous projetez l'accouchement, un allaitement, les premières secondes, les premières minutes...

Mais parfois, l'accouchement ne se déroule pas comme vous l'aviez envisagé dans votre projet de naissance : une césarienne décidée assez brusquement, une anesthésie générale, une séparation due à un transfert de votre enfant en néonatalogie. Ou bien un regard très rapide n'a pas suffi à provoquer l'émotion que vous aviez imaginée...

**Lorsque tout ne se passe pas exactement comme vous l'aviez projeté, vous pouvez le vivre avec difficulté, souffrance et culpabilité.** Comme l'impression d'avoir raté cette première rencontre. Bébé aussi peut avoir l'impression que le rendez-vous a été manqué. Vous avez du mal à passer outre cet événement, vous ne lâchez pas prise. Bizarrement, votre bébé non plus. Il est en éveil et a du mal à trouver le sommeil. C'est une question d'ajustement. Ne vous inquiétez pas, vous pourrez, dès que vous le voudrez, « rejouer » ce moment. Si vous le lui racontez, les choses vont trouver leur place. **Parlez-lui. Expliquez-lui. Rencontrez-vous.** Il n'est jamais trop tard.

**JOSÉPHINE**

*« Césarienne d'urgence et bébé transféré en néonatal. Je n'ai pu le prendre dans mes bras (branché) que cinq heures après sa naissance. Les souvenirs sont vagues, mais j'ai beaucoup pleuré. De joie, et de peur pour lui. Ce n'est qu'à mon retour à la maison avec bébé que j'ai réalisé… C'était MON bébé. Un pur bonheur. »*

Prenez soin de vous et rencontrez votre bébé. Échangez vos émotions. Expliquez-lui pourquoi et comment il est né. Dites-lui si vous avez été inquiète, donnez-lui les raisons et rassurez-le sur cette crainte qui ne le concerne pas. Profitez, en compagnie de papa. Laissez la magie opérer à votre rythme, sans culpabilité.

Et si cet instant manqué vous laisse une « cicatrice émotionnelle » difficile à surmonter, parlez-en autour de vous, **libérez cette souffrance pour mieux accueillir votre enfant** et lui permettre de vous reconnaître comme ses parents. On ne contrôle pas tout, vous vous en rendrez compte tout au long de votre parentalité.

**MORGANE**

*« Ma fille et moi avons loupé notre rendez-vous, mais nous nous sommes rattrapées lors de notre premier peau à peau le lendemain de sa naissance. Ça reste le moment le plus magique de ma vie : une rencontre en retard, mais une si belle rencontre. »*

## Les prématurés, ces petits guerriers

J'aimerais vous dire quelques mots à propos de ces petits nourrissons nés trop vite et beaucoup trop tôt.

Je les trouve tellement forts, avec leur long chemin à parcourir qui les amène à la victoire et à leur vie. Chaque heure passée les éloigne de la phase critique. Je pense aussi aux parents, programmés pour une grossesse de neuf mois et qui se retrouvent démunis de voir leur enfant naître plus tôt, ne pesant que

quelques centaines de grammes. **Sachez qu'il ressent toute votre force et tout votre amour.**
Je rends aussi un grand hommage à tout le personnel soignant dédié aux prématurés, un grand respect à leur dévouement.
Et j'en profite pour lancer un appel pour le **don de lait maternel**. Ce merveilleux liquide sauve la vie de ces prématurés. Vous pouvez, si le cœur vous en dit, contacter le lactarium de votre région.

# Le peau à peau avec bébé

Mon intérêt pour la méthode du peau à peau est né il y a une vingtaine d'années, parallèlement à ma découverte de l'effet apaisant des bains sur les bébés (voir p. 17). Je prenais alors conscience de l'importance de l'accueil en douceur des nouveau-nés, de la bienveillance et du temps à leur accorder. Le peau à peau était une pratique encore peu répandue à l'époque.

## Une découverte chargée de sens

### D'où vient le peau à peau ?

C'est en 1978 à la maternité de Bogota, dans le service de néonatalogie, que les premiers peau à peau ont été expérimentés. Faute de moyens financiers, les couveuses se faisaient rares et les équipes médicales s'alarmaient du nombre grandissant de prématurés et des risques de transmission infectieuse. Dans l'incapacité de réguler leur température, ces bébés pouvaient succomber en cas d'hypothermie prolongée. Pour les aider à **retrouver et conserver une température constante de 37 °C**, les docteurs Edgar Rey Sanabria et Hector Martinez Gomez ont alors envisagé de les placer nus sur le torse dévêtu de leurs parents, à même la peau. Ainsi est née la méthode kangourou à l'origine du peau à peau.
Nathalie Charpak, pédiatre française expatriée en Colombie, attribue au peau à peau un pouvoir bien plus grand encore : « Le peau à peau permet, certes, de combler le manque de structures médicales dans les pays du Sud, mais aussi de pallier les carences affectives induites par la mise sous couveuse de ces bébés trop petits, trop faibles, trop fragiles. »
Sur la base de ce constat, le peau à peau s'est élargi aux maternités du monde entier, et depuis 1991, l'OMS le recommande pour tous les nouveau-nés, qu'ils soient prématurés ou nés à terme, allaités ou non.

En France, cette méthode est aujourd'hui pratiquée dans la plupart des maternités.

### Pourquoi le peau à peau est-il si important ?

Pendant neuf mois, votre bébé évolue confortablement dans un environnement aquatique qui le berce et le rassure, où seuls des bruits sourds lui parviennent. Nourri grâce au cordon ombilical et hydraté en eau et en sels minéraux par le liquide amniotique, il vit au rythme lent de son développement.
À partir de la 7e semaine, **le sens du toucher** se développe et il commence à percevoir son environnement au niveau de la bouche et du visage.
À la 20e semaine, il peut toucher, à l'aide de ses mains et de ses pieds, les parois du ventre maternel qui l'entourent et le protègent, délimitant ainsi son petit cocon.
Puis le jour J arrive. À sa naissance, votre bébé quitte son univers familier pour découvrir un nouveau monde où il subit plusieurs bouleversements sensoriels importants : son ouïe est d'emblée agressée par des sons bruyants, la lumière l'aveugle et la température ambiante est inférieure à celle qu'il a toujours connue. Il passe d'un état aquatique chaud à un état aérien bien en dessous de ses 37 °C habituels.
La naissance est un choc fait de sensations nouvelles parfois un peu déroutantes : **le peau à peau permet à bébé de vivre plus en douceur la transition du ventre de sa mère vers le monde extérieur** et de diminuer l'impact des soins dispensés par le personnel hospitalier.

## Les bienfaits du peau à peau pour bébé

> *« L'attachement est un instinct conduisant tout au long de la vie à avoir besoin d'être écouté, entendu, compris et soutenu par une ou plusieurs personnes considérées comme proches. »*
>
> John Bowlby

L'OMS recommande le peau à peau non seulement pour lutter contre l'hypothermie, mais aussi pour encourager l'allaitement maternel et favoriser les interactions mère-enfant. **Il permet d'aborder en douceur les premiers jours avec votre bébé.** Le premier peau à peau s'effectue dès les premières minutes

de vie et, dans l'idéal, devrait durer entre 90 et 120 minutes. Sur les plans sensuel, sensoriel et affectif, cette première rencontre est capitale.
Une maman qui n'a pu faire son peau à peau avec son fils que plusieurs heures après avoir accouché m'a raconté ce qu'elle avait ressenti au contact de son enfant : « Je me suis enfin sentie maman lorsqu'il a été en peau à peau tout contre moi et que je respirais son odeur. Cela a été un moment magique dans une situation alors difficile à vivre. J'ai ensuite continué chaque jour, pendant plusieurs semaines, comme un rituel. »

## Renforcer le lien d'attachement

Le processus d'attachement, très complexe, dépend d'une programmation comportementale innée, de stimulations sensorielles multiples, de sécrétions hormonales et d'échanges émotionnels entre la mère et son nouveau-né.
Comment définir le lien d'attachement ? **C'est un lien fort. Un lien de sécurité. Un lien de confiance** entre le bébé et ses parents. Un besoin vital nécessaire pour acquérir l'estime de soi.
Peut-on envisager d'habiter une maison dont les fondations sont peu solides ? Bien sûr que non ! Les premiers échanges sont ces fondations, commencées durant la grossesse. Le contact s'établit dans votre ventre et la naissance le rend plus palpable encore. Cette intimité va évoluer, se tisser tout au long de la vie.
Le psychiatre et psychanalyste John Bowlby, pionnier dans le domaine de l'attachement, en a posé les bases, suivi par de nombreux autres psychologues. comme Yvane Wiart, psychologue spécialiste de l'attachement.
**Le très jeune enfant est incapable de réguler seul ses émotions.** Ses cris et ses pleurs signalent son mal-être et sollicitent l'attention de ses proches pour le réconforter. Afin de s'épanouir, l'enfant a besoin d'établir avec eux une relation chaleureuse, constante, prévisible. En répondant à ses attentes et en s'occupant régulièrement de lui, son entourage se transforme en figures d'attachement qui deviennent synonymes de sérénité et de réconfort lorsqu'il se sent en insécurité, en colère ou triste. Les attentions répétées, l'engagement émotionnel et le temps passé ensemble sont essentiels pour aider l'enfant à construire son attachement.
**Le peau à peau crée la première relation d'attachement, de confiance et de sécurité durable.** Pour votre bébé, c'est l'accueil le plus douillet qu'il puisse connaître ; il ne peut rien espérer de mieux que cette connexion-là. Au fur et à

mesure du temps et de l'amour partagés, ce lien qui, au départ, n'est qu'un fil deviendra un ruban entre votre bébé et vous.
Aussi, à chaque fois que vous en ressentirez l'envie et le plaisir, ne vous privez pas du peau à peau. Il constitue le meilleur accueil pour le passage de sa planète « utérus » à notre planète Terre.
Couvrez-vous l'un l'autre d'amour et de tendresse : ce sont les meilleures bases pour bien évoluer, lui dans sa vie d'enfant, vous dans votre vie de parents.

### Faciliter la régulation thermique, cardiaque et respiratoire

L'une des difficultés rencontrées par le nouveau-né est de réguler sa température. Rien d'étonnant à ce qu'il faille le couvrir avec différentes couches de vêtements après sa naissance, lui qui évoluait dans un milieu à 37 °C avant d'arriver dans une salle de naissance ou un bloc opératoire dans lesquels il ne fait jamais très chaud.
**Le peau à peau libère chez la mère une poussée d'ocytocine, qui provoque un afflux du sang vers son thorax**, ce qui dégage un excédent de chaleur dont bénéficie le nouveau-né. Cette pratique vous aide donc à donner de la chaleur

#### L'ocytocine et ses bienfaits

- Elle augmente la température du sein.
- Appelée « hormone de l'amour », elle favorise l'attachement.
- Elle modifie le comportement et apaise l'humeur.
- Elle augmente les contractions utérines, ce qui diminue les risques d'hémorragie du post-partum.
- Elle stimule la fabrication du lait maternel.

à votre bébé et à maintenir sa température constante. Des études ont révélé que la température des seins augmente de 0,5 °C en 2 minutes lors du peau à peau. Il s'avère que la mère peut également faire diminuer sa propre température corporelle pour contribuer à faire baisser celle de son enfant s'il est en hyperthermie.

Enfin, la chaleur et une bonne régulation thermique assurent une meilleure adaptation métabolique au nourrisson. Son taux de glycémie augmentera plus rapidement en peau à peau que dans un berceau.

**Une étude japonaise montre la stabilité cardiaque des nouveau-nés placés en peau à peau dès les cinq premières minutes de vie.** Elle est deux fois et demie supérieure à celle des enfants placés plus tardivement dans cette position.

Je me souviens d'un bébé né par césarienne dont la saturation (taux d'oxygène des globules rouges) était légèrement basse. La sage-femme l'a installé sur la table, sous la lampe chauffante, pour qu'il récupère et s'adapte à sa vie aérienne. Je lui ai suggéré de le poser en peau à peau sur sa maman tout juste sortie du bloc opératoire, en laissant le capteur sur le pied de l'enfant. La saturation en oxygène de ce tout-petit placé contre le buste de sa maman s'est immédiatement normalisée.

Depuis cette extraordinaire expérience, cette sage-femme met plus régulièrement les bébés en peau à peau pour leur permettre de mieux s'adapter à leur nouveau monde.

Je pense qu'il est important de sortir parfois de ses automatismes, tout en respectant la sécurité de l'enfant et de la mère.

## Favoriser l'allaitement

En salle de naissance, si vous souhaitez allaiter, profitez de cette rencontre peau à peau et de l'éveil de votre bébé pour une première mise au sein, aidée par la sécrétion d'un lait que l'on appelle le « colostrum » et qui a le goût du liquide amniotique. Votre enfant reconnaît ces odeurs et ces goûts familiers qui vont le rassurer. C'est **la tétée de bienvenue**. De nombreux bébés en profitent pour se hisser en rampant et aller se nicher contre le sein maternel. C'est le réflexe de fouissement commun à beaucoup de mammifères.

On constate que **les mères qui ont connu le peau à peau allaitent plus longtemps et ont davantage confiance en leur capacité d'allaiter.**

## Aider au développement des défenses immunitaires

La flore intestinale est composée de micro-organismes et de « bonnes » bactéries indispensables à nos défenses immunitaires. Mais lorsqu'un nouveau-né vient au monde, son tube digestif est stérile. Il va développer sa flore intestinale grâce à l'absorption de « bonnes » bactéries qui se trouvent dans son environnement : l'air, la peau, le lait maternel (si allaitement il y a), le vagin (pour les accouchements par voie basse).
Dans le cas d'une naissance par césarienne, l'enfant doit développer sa flore intestinale autrement. Lors du peau à peau, sa bouche placée sur votre poitrine lui permet d'ingérer des bactéries qui l'aident dans la fabrication de sa flore intestinale, et donc de ses défenses immunitaires.
Pour étudier les différentes manières qu'a un enfant né par césarienne de **construire sa flore intestinale**, le professeur Jacky Nizard à la Pitié-Salpêtrière (Paris) a mené des essais cliniques en partenariat avec trois structures publiques de recherche (Inserm, Ican et Inra). « L'écouvillon a été imprégné de la flore vaginale et périnéale de sa maman, prélevée avant l'intervention. Nous voulons voir si, en procédant ainsi, nous pouvons doter cet enfant de la même flore digestive que ceux nés par voie basse. [...] Au total, 120 bébés y participeront et le contenu de leurs couches, à l'âge de 1 an, sera passé au crible d'un séquenceur à haut débit[3]... »
Dans les minutes qui suivent l'accouchement par césarienne, la muqueuse buccale des nouveau-nés est badigeonnée de bactéries prélevées dans le vagin de la mère. Ainsi exposés aux fluides vaginaux maternels, ils présentent ensuite des bactéries aussi riches que les enfants nés par voie basse.
Bien sûr, cette découverte étonnante est encore à développer sur un plus grand nombre, mais elle prouve l'importance des bactéries pour le développement de l'enfant.
Mon conseil : si vous avez une césarienne programmée, pourquoi ne pas parler à votre gynécologue d'un prélèvement des fluides vaginaux ?

3 « Microbiote : des bonnes bactéries pour la vie, tout se joue avant 3 ans », article paru dans *L'Express*, le 27 octobre 2017.

### Diminuer les pleurs

Je suis toujours surprise de la vitesse à laquelle un bébé en peau à peau se calme : en quelques minutes, voire en quelques secondes.
Le peau à peau s'apparente à une véritable séance de relaxation pour le bébé, il l'aide à réguler son rythme cardiaque et à goûter ainsi à un sommeil plus profond. On observe également un effet analgésique, en cas notamment de coliques du nourrisson, qui permet une diminution de ses pleurs.
À l'inverse, les nourrissons qui sont dans un berceau pleurent beaucoup plus que ceux qui sont en peau à peau.

### Prendre conscience de son corps

Par le contact avec les autres, le peau à peau permet au nouveau-né de ressentir et de prendre conscience, pour la toute première fois, de son propre corps. Il est soudainement libre de se mouvoir, lui qui, les semaines précédentes, évoluait dans un espace étroit où il avait à peine la place de se retourner. Habitué à être bien blotti, il a de quoi être surpris par ce passage « dans le vide ».
Il a vécu une sacrée épreuve : il s'est investi dans sa naissance à parts égales avec sa maman, a vécu des moments forts, parfois douloureux. **Par le peau à peau, il découvre plus en détail son corps, grâce également à vos caresses sur sa peau.** Son odorat, son ouïe, son toucher et son réflexe d'agrippement n'en seront que davantage encouragés.

## Les bienfaits du peau à peau pour les parents

Le peau à peau offre les mêmes bénéfices, qu'il soit pratiqué par la mère ou par le conjoint. Pour la première fois, le père vit les mêmes sensations que sa femme et ressent son enfant au plus profond de sa chair. Parce qu'il ne le porte pas, ne le met pas au monde, le peau à peau lui permet d'éprouver cette sensation d'attachement qu'il pourra partager avec sa femme.
Je me souviens d'un père qui m'a dit « s'être senti papa » au moment où on lui a posé son enfant sur son torse nu et avoir ressenti un « véritable électrochoc » dans sa chair.

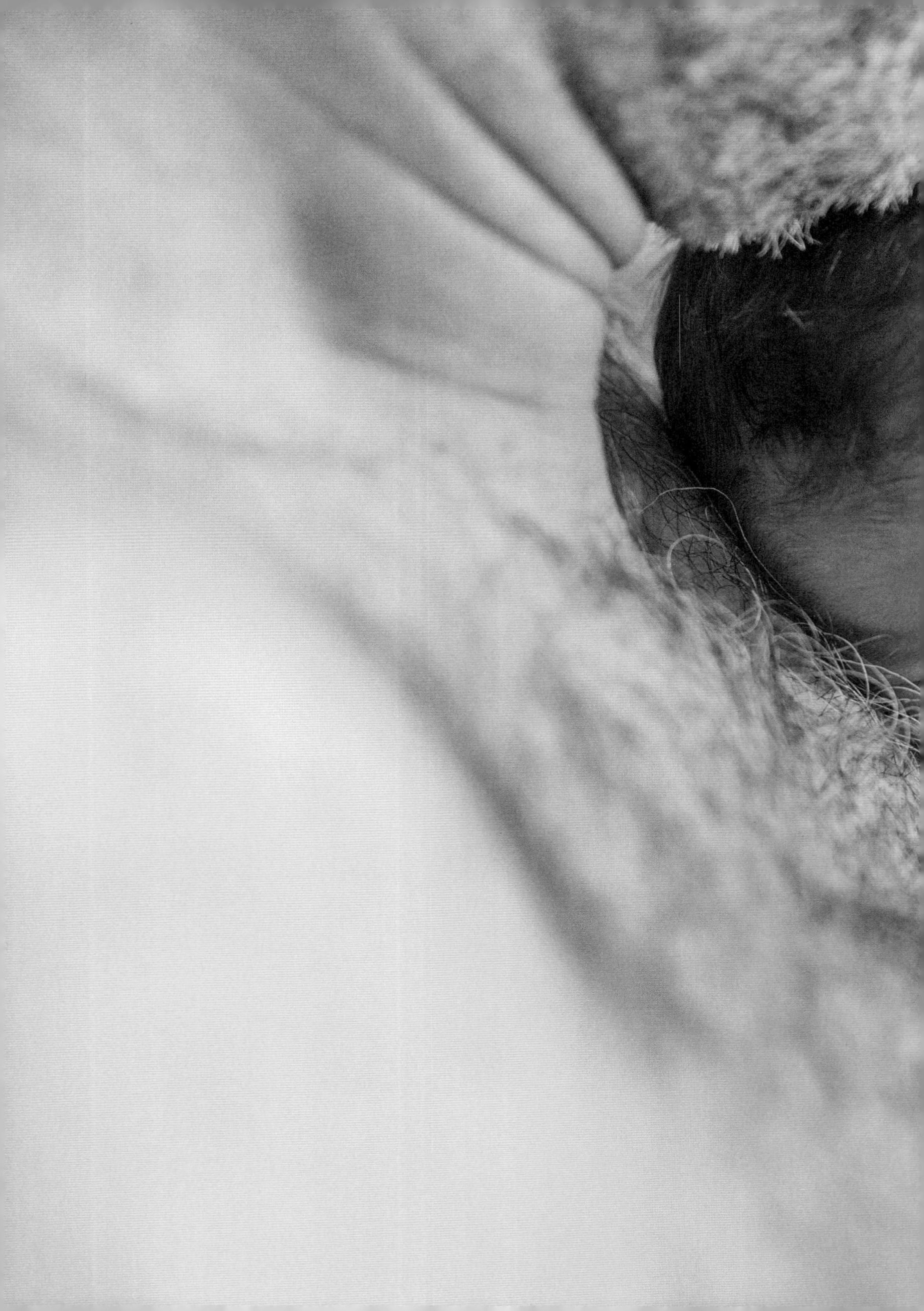

**La pratique du peau à peau permet aux parents d'être moins anxieux et d'avoir confiance en leurs capacités.** Les mères, quant à elles, auront tendance à présenter plus volontiers le sein, à avoir une compréhension accrue du comportement de leur bébé et à mieux réagir à ses demandes. D'une manière générale, elles appréhenderont moins le retour à la maison.

## Le peau à peau comme « cure de soins »

### Le peau à peau et les bébés prématurés

Parmi les sentiments éprouvés par les mères de prématurés, on retrouve la culpabilité, l'impression d'être exclues de l'environnement hospitalier et l'incapacité à éprouver le rôle de parents. Elles se reprochent aussi de n'avoir pas su mener à terme leur grossesse, de n'avoir pas su « retenir » leur enfant. Je constate que le sentiment de culpabilité est très présent chez les mères en général ; c'est sans doute le fait de pouvoir donner la vie qui développe ce ressenti.
Lorsqu'elles sont davantage mises à contribution dans les soins prodigués à leur prématuré, en pratiquant le peau à peau notamment, les mères retrouvent plus rapidement confiance en leurs capacités. **L'enfant paraît lui-même moins stressé grâce à cette pratique.**
Le prématuré est soumis à des stimulations auxquelles son développement sensoriel et psychomoteur ne l'a pas encore préparé. Certaines sont excessives (auditives, visuelles…) ; pour d'autres stimulations, les outils à sa disposition sont inappropriés ou inexistants.
Le peau à peau constitue en revanche une source de stimulations interactives douces et positives, qui sollicitent tous les sens : la vue, l'ouïe, le toucher, l'odorat et le goût (grâce à l'allaitement au sein). Dès qu'ils en ont la possibilité, les parents peuvent marcher avec leur bébé contre eux en peau à peau : leurs mouvements le bercent et sont bénéfiques au développement de sa motricité.

### Le peau à peau comme traitement antidouleur

Certains bébés – en particulier les prématurés – doivent quotidiennement subir des piqûres, des prises de sang ou des injections. Le contact peau à peau au moment de ces interventions peut aider à diminuer leur douleur.

D'une part, **il régule et stabilise le rythme cardiaque et respiratoire**. D'autre part, plusieurs études tendent à démontrer que le peau à peau est un antidouleur naturel et efficace : la stimulation multisensorielle qu'il provoque augmenterait le taux d'endorphine (morphine naturelle) et le taux de cholécystokinine (régulateur des endorphines) dans l'organisme du bébé. Ces hormones ont toutes deux un effet analgésique. Ainsi le bébé pleure moins et se calme plus vite.

## Les différentes étapes du peau à peau

### En salle de naissance

Une fois le cordon ombilical coupé et le bébé rapidement séché, la sage-femme va vérifier quelques constantes et s'assurer que l'adaptation se fait rapidement sans soins particuliers. Puis elle vous donnera enfin votre enfant pour votre premier peau à peau : elle le posera sur votre buste, un petit bonnet sur sa tête encore mouillée et un linge posé sur son dos. **Vous vivrez cette expérience magique où vous envelopperez ce petit être de tout votre amour. Ce sera votre première rencontre, votre premier regard, votre premier tout !**
Si tout va bien, les soins (voir encadré p. 70) se feront juste avant de monter dans votre chambre.
Il y a quelques années, la pratique du peau à peau a subi une régression en salle de naissance. Dans certaines maternités, le personnel soignant considérait que la maman risquait d'être trop fatiguée, peu alerte pour veiller à la sécurité de l'enfant. Je recommande qu'il y ait toujours une personne auprès de la jeune mère pour s'assurer que le peau à peau se fait sans danger de chute, de somnolence ou d'étouffement. N'hésitez pas à en discuter avec le personnel de salle avant l'arrivée du bébé.
Si tout le monde va bien, vous serez ensuite ramenée dans votre chambre et votre bébé plongera dans un sommeil de récupération.
En cas d'accouchement par césarienne, il est assez fréquent que vous soyez un peu plus fatiguée. Bien évidemment, on ne prendra pas le risque de mettre le bébé en peau à peau si vous êtes encore faible. La décision reviendra à la sage-femme.
C'est souvent à la jeune maman qu'on le propose, mais il peut tout aussi bien être fait par le papa, souvent très demandeur. Dans tous les cas, **s'il n'a pas pu être proposé dans les minutes qui suivent l'accouchement, rassurez-vous, vous pourrez le vivre dans la chambre plus tard, avec les mêmes bienfaits.**

## Les premiers soins

Voici les vérifications de constantes et les soins qui répondent à un protocole précis à l'arrivée de votre bébé.

- Vérification de la perméabilité des choanes (orifices postérieurs des fosses nasales).
- Auscultation cardiaque.
- Vérification de la bonne coloration (lorsque le bébé rosit, c'est qu'il s'oxygène bien).
- Mise en place de deux bracelets d'identification.
- Coupe du cordon plus court (car à la naissance, il est clampé, mais coupé trop long).
- Vérification de la présence de deux artères et d'une veine ombilicale.
- Administration de la vitamine K1.
- Pesée du bébé, mesure de sa taille et de son périmètre crânien.
- Vérification des réflexes archaïques :
  - la marche automatique ;
  - le « grasping », ou réflexe d'agrippement ;
  - le réflexe de succion et des points cardinaux ;
  - le stimulus des coins de la bouche, déclencheur d'une envie de téter ;
  - le réflexe de Moro, ou réflexe des bras en croix ;
  - le réflexe tonique symétrique du cou.

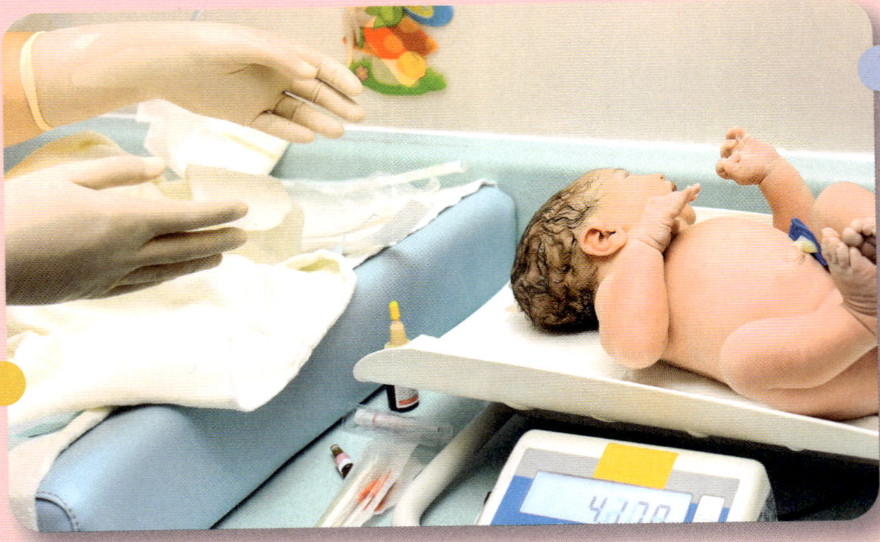

### De retour à la maison

Le peau à peau peut perdurer après le retour à la maison. Je vous explique ci-dessous les précautions à prendre en toute sécurité, alors sentez-vous libre avec le papa de le reproduire aussi souvent que vous en avez envie : après le bain, lors d'un allaitement maternel, lorsque vous sentirez votre bébé un peu agité, face à des pleurs...

### Jusqu'à quel âge pourrai-je pratiquer le peau à peau avec mon enfant ?

Le peau à peau peut se pratiquer **quand on le veut et aussi longtemps qu'on le souhaite – et que votre enfant le souhaite**. En effet, en grandissant, votre enfant aura envie de nouvelles découvertes et d'autonomie, il sera donc moins demandeur.
En cas de reprise de votre activité professionnelle, avec des journées bien remplies, vous aurez peut-être vous-même moins de disponibilité. Faites-vous confiance et ne culpabilisez pas. Parlez-lui et bien d'autres joies suivront.

## Le peau à peau en toute sécurité

Voici quelques précautions à prendre pour pratiquer le peau à peau sans aucun risque.

**Pour les parents**
- Créez un climat propice à la détente.
- Assurez-vous d'avoir du temps devant vous sans être dérangé(e).
- Préférez une position semi-assise, car cela permet à votre enfant de ne pas éprouver de difficultés à dégager ses voies aériennes.
- Si vous sentez que vous vous endormez, interrompez le peau à peau, vous le referez plus tard. De même, évitez le peau à peau lorsque vous êtes sous l'effet de certains médicaments qui favorisent l'endormissement.

**Pour l'enfant**
- Sa bouche et son nez sont bien dégagés.
- Sa tête est tournée sur le côté, le menton légèrement relevé.
- Ses épaules et sa poitrine font face à la personne qui le porte.

- Ses jambes sont pliées. Naturellement, la tête du fémur s'intègre parfaitement dans le cotyle du bassin (la cavité où le contact et l'articulation se font entre le fémur et le bassin). Si ce n'est pas le cas, on parle de luxation congénitale de la hanche. Dans toute forme de portage et lors du peau à peau, l'enfant est installé les genoux bien remontés pour respecter cet emboîtement de la tête du fémur et éviter de la dévier.
- Son dos est recouvert d'une couverture.

## Ce qu'il faut retenir

Lors des ateliers proposés par votre maternité, n'hésitez pas à aborder le sujet du peau à peau auprès des sages-femmes et du personnel.
J'explique toujours aux parents combien **il est essentiel de poser toutes les questions avant l'accouchement :**

- Comment le peau à peau va-t-il se passer ?
- Me le proposera-t-on dès la naissance ou un peu plus tard ?
- Est-ce que l'autre parent peut lui aussi vivre ce peau à peau dès la naissance ?
- Si je n'ai pas pu le faire après la naissance, quand pourrai-je commencer ?
- Si j'ai une césarienne, quand pourrai-je le faire ?

**Toutes les réponses que vous pourrez obtenir contribueront à votre bien-être.** En ayant conscience de ce qui se passe autour de vous, vous vivrez pleinement l'arrivée de votre bout de chou.
Le peau à peau est, pour moi, le plus beau des tableaux, un tableau d'amour ! Je reste bouleversée par ce spectacle magique de bébé blotti contre sa maman ou son papa. Par leurs peaux dénudées, ils échangent bien plus que de la chaleur : ils partagent de l'amour et de la confiance.

# Le bain du nouveau-né

Quelques jours après la naissance de votre enfant vient l'heure du bain. À travers le monde, le bain du nouveau-né est un rituel fort, source de transmission de différentes croyances selon les cultures. Mes bains ne ressemblent en rien à ceux traditionnellement pratiqués dans ces différents pays, néanmoins, je réalise combien cette première mise à l'eau du bébé est importante et à quel point elle mérite toute notre attention.

## Le tour du monde du bain

### Le tout premier bain de bébé

Beaucoup de peuples[4] considèrent le bain de bébé comme une affaire de femmes. Les grands-mères nigérianes, par exemple, sont sollicitées pour donner à leur petit-enfant son premier bain et elles joueront un grand rôle dans son éducation. En Côte d'Ivoire, on demande au contraire à une jeune femme sans enfant de baigner le nouveau-né, pour lui permettre d'enfanter à son tour, comme le veut la croyance. Chez les Yamis de Taïwan en revanche, le papa est mis à contribution : c'est lui qui est chargé de rapporter de l'eau à la sage-femme pour qu'elle fasse la première toilette de son bébé. Toilette qui se termine par un geste de bienvenue original à nos yeux d'Occidentaux : l'accoucheuse frotte son nez contre celui du nourrisson.

### L'eau du bain et ses vertus

L'eau est une source intarissable de mythes dans toutes les civilisations et on lui prête de nombreux pouvoirs – *a fortiori* l'eau du premier bain de bébé.

---

4 Lire l'article de Julie Caron publié dans *Magicmaman* : « Les différentes manières de faire la toilette de bébé à travers le monde ».

Devinez à quoi sert l'eau de pluie tombée du toit dans le golfe du Bénin ! À laver les nouveau-nés, car on pense qu'elle possède des pouvoirs venus du ciel. En Turquie, on lui préfère l'eau de mer, censée permettre au nouveau venu de sentir bon, et ce pour toute la vie. C'est pourquoi, au quatrième jour de sa vie, le bébé est immergé dans de l'eau salée une journée entière ! Quant à l'eau douce utilisée pour l'eau du nouveau-né, elle est parfois additionnée de thé (en Mongolie) ou de cardamome (en Inde).

### Et en France ?

En France, dans les années 1970, le gynécologue-obstétricien Frédérick Leboyer[5] a initié une nouvelle méthode d'accouchement après un voyage en Inde où il avait assisté à une naissance sans cris ni pleurs. Ce médecin demeure ma référence dans ce domaine pour l'accueil le plus respectueux fait au bébé – avec la lenteur qui sied à son tout jeune âge.
Les nouveau-nés ont enfin été reconnus comme des êtres à part entière, avec leur mode de communication, leurs émotions – contrairement à l'idée répandue avant les années 1970 qu'un bébé ne ressentait rien. Depuis cette prise de conscience permise par Frédérick Leboyer, nos enfants naissent aujourd'hui majoritairement de manière plus douce, dans une ambiance feutrée, entourée de soignants qui parlent à voix basse, sans être tenus par les pieds, la tête en bas, et sans lumière aveuglante dans les yeux.
Précurseur, ce médecin mettait le bébé en peau à peau avec la maman dès sa naissance, puis donnait le bain en salle de naissance avec un respect infini des ressentis du tout-petit.

## La naissance du Thalasso Bain Bébé

> *« Être touché, massé et caressé est nourriture pour le nouveau-né – une nourriture aussi nécessaire que les vitamines, les protéines et les oligoéléments. »*
>
> Frédérick Leboyer

Au début de ma carrière, je baignais les bébés dès la naissance, obéissant ainsi à une norme établie sans réfléchir plus avant. Pour autant, je commençais

5 Auteur de *Pour une naissance sans violence*, Le Seuil, 1974.

déjà à douter de certaines pratiques. Par exemple, je n'ai jamais savonné un bébé à l'extérieur du bain : je trouvais cela tellement illogique ! Les formations insistaient pourtant sur le fait qu'il était « plus sécurisant » de procéder ainsi. Je ne l'ai jamais cru. Comment un bébé serait-il plus en sécurité badigeonné de savon, hors de l'eau et grelottant, plutôt que savonné au chaud et dans son bain ? C'était impensable !

Même après des années de pratique, les nouveau-nés dont je m'occupais continuaient de pleurer pendant le bain. J'entendais les pleurs, mais je ne les écoutais pas.

Nous avons longtemps répondu aux parents, et certains professionnels le font encore, qu'il est normal qu'un bébé pleure dans son bain parce qu'il a froid. **Les bains étaient alors rapides, contraignants, traumatisants pour le bébé comme les parents.**

Nombre de questions occupaient mon esprit :

- Pourquoi poussaient-ils tant de cris dans leur bain alors qu'ils connaissaient parfaitement le milieu aquatique ?
- Que ressentaient-ils dans l'eau : avaient-ils mal, avaient-ils peur, alors que le bain devait être pour eux un retour aux sources ?

Et à bien y penser, l'eau représentant en moyenne 65 % de notre corps (80 % pour le fœtus), cet élément ne nous est pas étranger, bien au contraire puisqu'il constitue nos cellules !

Toutes ces interrogations m'ont conduite à réaliser que les pleurs n'étaient pas normaux.

Après les gardes, je me posais ces questions jusque sous ma douche.

Un jour où je cogitais plus longtemps qu'à l'accoutumée sous le jet d'eau, je me suis rendu compte de tous les bienfaits de l'eau : les effets du massage, les caresses sur la peau, la relaxation.

**J'ai pris conscience que l'effet de l'eau sur notre corps n'est pas du tout le même dès que l'on prend le temps de savourer ce moment.** Le rapport à l'élément change : le « bain nettoyage » devient « bain plaisir ».

J'ai alors eu l'idée de faire couler un filet d'eau sur la tête des nouveau-nés pendant leur bain, sur ce petit crâne qui a si bien travaillé pour trouver ce passage tellement étroit, voire qui a été malmené pour réussir à sortir.

Ainsi commença l'histoire de mon bain, qui s'appelle aujourd'hui le Thalasso Bain Bébé.

**Il est difficile de décrire mon procédé de manière chronologique, depuis le déshabillage jusqu'à la sortie du bain, tant ce moment repose sur des émotions.**

Mon seul et unique objectif est de diminuer les pleurs lors du bain, voire de les supprimer totalement.
Je vais tout de même tâcher de vous livrer les étapes essentielles de ce moment, de l'expliquer pas à pas, de vous aider à comprendre les réactions de votre bébé pour trouver des solutions aux pleurs et aux peurs. Mais surtout, je souhaite partager avec vous tous les ressentis que le bain procure au bébé et à celui qui le lui donne.

## À combien de jours puis-je baigner mon enfant ?

La Haute Autorité de santé (HAS) et l'Organisation mondiale de la santé (OMS) recommandent de reporter le premier bain du nouveau-né à un ou deux jours de vie, parfois plus.
Pourquoi ? Parce que, à la naissance, le bébé est toujours recouvert d'une couche plus ou moins épaisse de vernix caseosa – *in utero*, ce vernix protège la peau du fœtus du liquide amniotique dans lequel il baigne. Grâce à ses propriétés nourrissantes et antioxydantes, le vernix caseosa protège la peau fragile et immature du bébé contre les agressions extérieures et permet de maintenir une certaine acidité de la peau. Enfin, retarder le bain diminue les risques d'hypothermie et d'hypoglycémie.

## L'esprit du Thalasso Bain Bébé

Dans ce bain, deux choses existent : **ce que l'on voit et ce que je ressens. Tout se joue à la frontière entre le visible et l'invisible**, dans l'échange qui s'établit entre ma sensibilité et celle du bébé, dans l'indescriptible.
On m'interroge souvent sur l'hypnose que je pratiquerais sur les bébés. Je n'ai pas de formation en matière d'hypnose et ne suis pas non plus énergéticienne. En tout cas pas consciemment. J'agis de manière instinctive et intuitive. Je me laisse simplement guider.
**J'offre aux bébés la liberté de se mouvoir comme dans le ventre de leur maman**, sans contraintes, sans maintien (le moins possible), comme ils en ressentent le besoin, pour défaire le plus possible leurs tensions ou exprimer leurs émotions.

## NOËLLE

*« J'ai eu l'immense chance et l'honneur de rencontrer Sonia lors de la formation Thalasso Bain Bébé à l'École du Bien Naître. Une personne entière, d'une bienveillance incroyable.*

*Depuis ce jour qui a changé ma vie, j'ai déployé mes ailes pour aller à la rencontre de nouveaux parents et offrir ce cadeau merveilleux à des bébés de quelques jours.*

*Avec la pratique, j'ai saisi les enjeux de ce bain/soin/lien. J'ai fait le parallèle avec mon métier d'hypnothérapeute et, par bien des aspects, l'hypnose est transposable au Thalasso Bain Bébé.*

*La connexion, la lenteur, l'observation, la synchronisation et l'adaptation sont les caractéristiques essentielles du Bain de Sonia. Le fait de recréer les conditions* in utero *par les sens kinesthésique et auditif (enveloppement, eau à 37 °C, bercements, bruits aquatiques) participe à la mise en état hypnotique. Les mémoires émotionnelles se réactivent et apportent au nouveau-né un bien-être, un sentiment de sécurité, de confiance et un apaisement. Mais il peut aussi réveiller des souvenirs déplaisants selon la grossesse et la naissance qu'il a vécues.*

*C'est en allant au bout du bain/soin/lien, en laissant les émotions du bébé sortir que Sonia fait un ancrage positif en apaisant le vécu.*

*Une vraie thérapie !*

*Merci Sonia pour ton accompagnement, ta transmission et ta bienveillance. »*

*(Noëlle Mountassif est infirmière, hypnothérapeute périnatale et pédiatrique, accompagnante périnatale, HarmôNaissance, Millau, Aveyron)*

Ils me guident, je les accompagne.
**Je leur propose tout l'espace possible, qu'il soit physique (avec la baignoire) ou temporel (aucune limite de temps), pour leur permettre de me raconter peut-être des vécus et des émotions difficiles**, qu'ils concernent la vie *in utero* ou leur naissance.
Les bébés ont une conscience, des souvenirs, des ressentis. Pourquoi attendre alors que l'on peut déjà commencer à les aider pour qu'ils les expriment ?

Libérons-les de certaines difficultés pour ne pas qu'ils les accumulent et empilent par-dessus celles qui viendront par la suite.
**Rappelons-nous que le bébé n'est pas sale.** Cette notion est essentielle, et changer la vision réductrice du « bain nettoyant » permet de proposer un moment serein à votre enfant. L'objectif du bain n'est pas en priorité de le savonner, mais de lui offrir un vrai moment de partage, de détente et de plaisir. Je profite du bain pour lui faire revivre quelques jolis souvenirs de sa vie *in utero*, comme le bercement, l'enveloppement, la douceur et tellement plus.
Le bain ne doit être que patience, confiance et lenteur. Un doux passage de l'intra-utérin à l'extra-utérin, de leur planète à notre planète.

Avant de commencer un bain, je m'assure que bébé lui-même est disponible pour ce soin, que rien ne le perturbe, comme une sensation de faim. S'il n'est pas disposé, s'il a besoin d'aller de nouveau téter ou juste d'être rassuré, il m'arrive de le ressortir du bain ou de le lui proposer plus tard.
Il s'agit souvent du premier bain depuis la naissance : il est donc indispensable que toutes les conditions de bien-être soient réunies pour lui. Je suis à son service, ce n'est pas lui qui l'est au mien. Tout doit donc être mis en œuvre pour que bébé soit heureux et apaisé.
**La sérénité, le bonheur, le plaisir sont communicatifs alors pourquoi s'en priver ?**
Le Thalasso Bain Bébé est possible à trois conditions :

- La confiance des parents : ils me confient leur enfant.
- La confiance du bébé : il ressent tout, notre attention, notre intention, je ne lui mens pas.
- La confiance que j'accorde au bébé : je suis bien consciente qu'il est capable de me raconter ses peurs, ses douleurs, ses colères... Ses yeux, sa voix, son corps s'expriment et me guident.

Le tout petit nouveau-né me fait un vrai cadeau en m'offrant sa confiance et son histoire. Je dois en prendre soin, l'écouter et me connecter à lui pour interpréter au mieux ses besoins, ses émotions.
Mon bain, c'est donc la confiance, la patience, l'émotion, l'écoute et l'observation. Et parfois aussi la réparation, celle d'une vie fœtale semée de difficultés, d'une naissance « musclée », ou encore un lien d'attachement un peu compliqué à tisser.

## CAROLINE

*« Chère Sonia,*

*Nous sommes venues à l'École du Bien Naître avec ma petite Léa le 6 septembre dernier, afin qu'elle prenne un bain avec une personne en formation. Peu avant qu'elle soit baignée, je vous racontais combien nos bains à la maison se passaient mal, dans les cris et les larmes. Nous étions très stressés de lui donner le bain.*

*Ce n'était pas un moment agréable, ni pour nous, ni pour elle, et pour être tout à fait honnête, je redoutais qu'elle se mette à pleurer lors de la formation. Mais voilà, elle n'a rien dit, elle était si apaisée et semblait si pleine de bonheur que je me suis mise à pleurer. La voir si calme m'a rendue tellement heureuse. Mais je m'en suis voulu également de ne pas avoir réussi à lui procurer ces moments à la maison. De ne pas avoir été capable de la rassurer comme elle en avait, de toute évidence, besoin. Vous m'avez alors donné quelques conseils avant de repartir. Et je voulais sincèrement vous en remercier. De tout mon cœur. Depuis ce jour, Léa n'a plus jamais pleuré en prenant le bain. Vous m'avez seulement dit de me déculpabiliser, que je ne risquais ni de mal faire ni de la noyer, mais surtout de prendre le temps de le faire pour elle. Et de le faire ensemble.*

*Les moments du bain sont aujourd'hui des instants de pur bonheur, et je suis tellement heureuse de pouvoir les lui offrir ! J'ai surtout réalisé grâce à vous que je lui devais bien ça, à elle, et pas à moi. Lorsque vous me posiez des questions sur mon accouchement, j'avoue ne pas avoir compris sur l'instant le lien entre mon vécu et le bain de ma fille. Car à cette époque, je voyais ça comme MON expérience. Un accouchement traumatisant avec une césarienne en urgence. Je ne retenais de cette expérience que ce qu'elle m'avait coûté : la douleur, le stress, la peur. Et comment j'allais bien pouvoir faire pour m'en remettre. En rentrant chez moi avec Léa après la formation, j'ai compris que c'était elle, et non moi, qui avait été le plus traumatisée par l'accouchement. C'est elle qui en avait bavé. Elle qui avait failli mourir. Elle qui avait été la plus courageuse, finalement. Et donc elle qui méritait toutes mes attentions et toute ma reconnaissance.*

*C'est peut-être bête, mais un simple bain m'a permis de voir mon bébé non plus comme « ma » fille, mais comme un petit être humain à part entière, courageux et fort. Et je suis très, très, très fière d'elle.*

*Je tenais à vous remercier pour cela, et pour cette expérience incroyable qui nous a permis de nous connecter, Léa et moi. Merci de nous avoir accueillies dans cette bulle de douceur où le stress de mal faire n'existe plus et où la bienveillance nous redonne des forces. »*

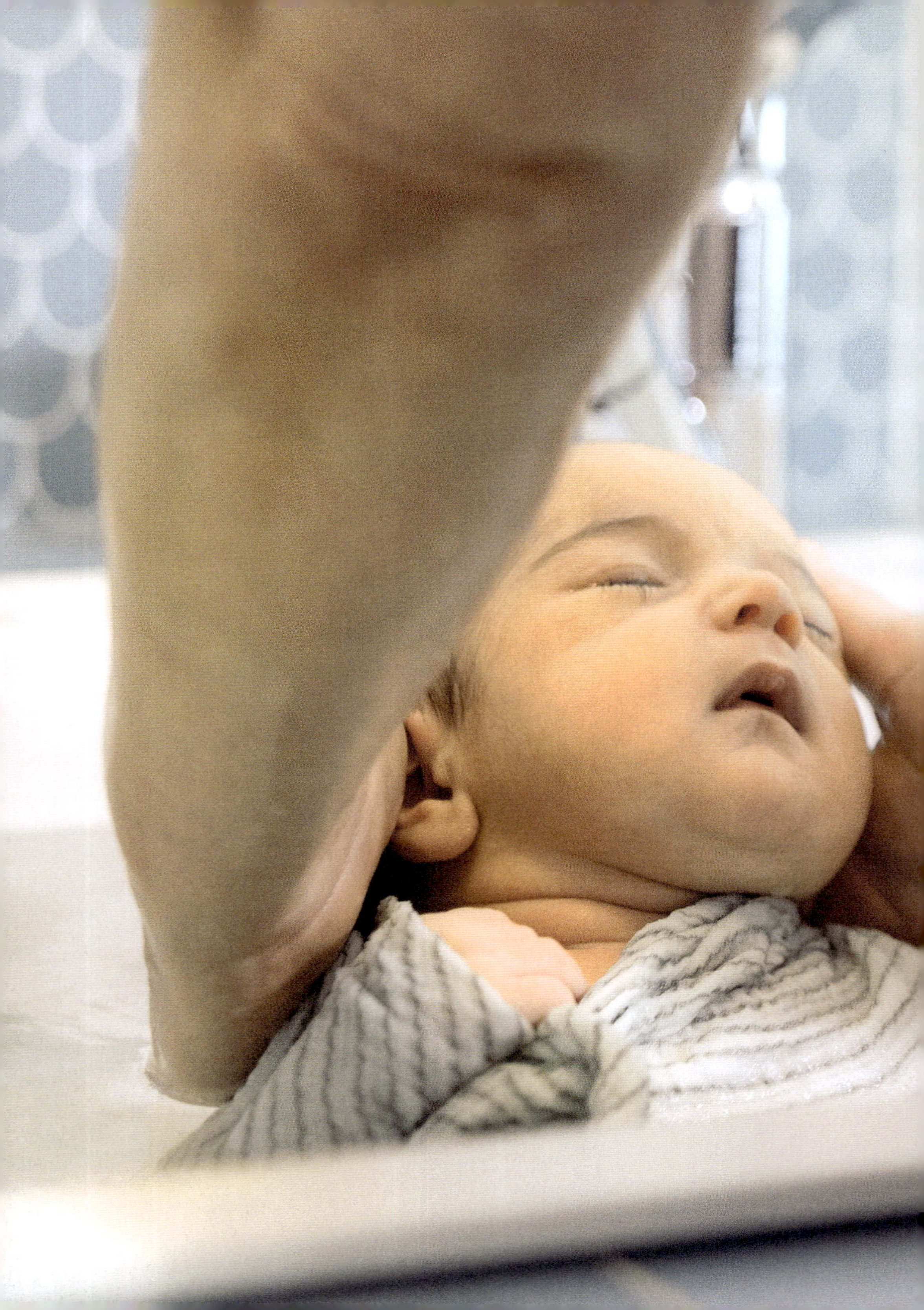

Vous le savez peut-être comme moi, une réparation ne s'effectue jamais à sens unique. Aider le bébé à exprimer ses émotions résout souvent un peu, par répercussion, le trouble des parents et améliore donc leur relation. Ils sont liés. Parfois, avec beaucoup de tendresse, vous me dites : « Notre bébé ne va pas aimer notre bain, maintenant qu'il a goûté au vôtre... » Rassurez-vous, le meilleur bain est donné par les parents, car la chose la plus importante, celle que, moi, je ne pourrai jamais y mettre, c'est **votre amour de maman et de papa**. Et après notre rencontre, vous repartirez avec les quelques petits trucs et astuces qui feront de votre bain le meilleur des bains.

### UN PAPA

*« Bonsoir Sonia,*

*Je vous adresse ce message de vifs remerciements.*

*Vous avez accueilli jeudi dernier notre petite fille et sa maman.*

*Le vécu de mon épouse suite à la césarienne a été très difficile. Même si l'accouchement s'est en fait bien déroulé, l'issue non attendue, pas véritablement évoquée lors de la préparation a eu des conséquences très douloureuses. Avec le temps, les choses rentrent dans l'ordre, un deuil se fait grâce à une maman qui intègre qu'elle n'y est pour rien et de l'écoute. Je voulais vous remercier, car vous avez grandement participé à cette « reconstruction » par votre écoute, votre empathie et par ce bain qui, je le pense, en remettant notre bébé dans son univers utérin protecteur, a permis à la maman de vivre une autre (re)naissance. Voir le nouveau-né entrer et sortir du bain. Voir notre fille et l'accompagner dans ce moment unique a été très important pour sa maman. Soyez-en chaleureusement remerciée par ce petit message. »*

# Les étapes du Thalasso Bain Bébé

## Le temps d'échange avec les parents

Avant l'ouverture de l'École du Bien Naître, je me déplaçais au domicile des parents, et il m'arrivait d'y trouver un équipement très peu adapté à la pratique de mon bain. Depuis, ils se déplacent et viennent me rencontrer.
Avant tout, je crée une ambiance très cocooning, chaleureuse et accueillante pour mettre rapidement les parents en confiance. Bien évidemment, le bain se fait en présence d'au moins l'un d'entre eux.
**Avant chaque bain, je prends le temps de dialoguer avec le ou les parents.** Il est important que la confiance s'installe entre nous, pour ensuite baigner leur enfant en toute sérénité. Elle s'établit presque au premier regard. Je dois l'instaurer rapidement afin d'aider les parents à se livrer, à raconter leur histoire et parfois même pour qu'ils me permettent d'entrer dans leur intimité. C'est un moment de découverte mutuelle très attendrissant, très touchant.
À l'occasion de ce premier rendez-vous, je les invite à me raconter l'histoire de la grossesse et le déroulement de la naissance. La maman revient souvent sur son accouchement. Elle raconte ses joies, ses douleurs et ses émotions. Si le papa est présent, il complète le récit, le corrige parfois. Il lui arrive même de devenir le conteur de l'accouchement lorsque celui-ci a vraiment été très intense et que la maman a quelques trous de mémoire tant elle s'est déconnectée d'elle-même pour trouver toute la force nécessaire à la naissance de son bébé.
Si l'accouchement a pu connaître des difficultés, je m'assure qu'ils ont bien compris les raisons des problèmes et les décisions des médecins. Je suis persuadée que l'on accepte mieux si l'on comprend mieux.
Puis nous discutons du retour à la maison, de l'alimentation du bébé. Rares sont les fois où je n'ai pas besoin de revenir soit sur l'allaitement, soit sur la manière de donner un biberon. Les parents ont vraiment besoin de cet accompagnement : ils sont lâchés dans la nature après le séjour à la maternité et se sentent un peu perdus, surtout lorsqu'il s'agit du premier enfant.
J'entends encore trop souvent dire que le premier bain à la maternité a été mal vécu par le bébé et par les parents : trop rapide, trop de bruit, trop de pleurs… Les parents redoutent que le bain à la maison se passe de la même manière. Mon bain devient alors un moment très attendu ! Je suis bien évidemment pleinement touchée par cette attention et cette attente. C'est pourquoi

j'essaie de me rendre toujours pleinement disponible physiquement et mentalement quand je suis avec un bébé et ses parents.

## En musique, s'il vous plaît !

Après avoir discuté avec les parents, je mets de la musique dès qu'ils me confient leur enfant. Le maître mot, lors du bain, est « lenteur » ; la lenteur, elle est essentielle pour le soin et l'accueil du nouveau-né. Après avoir vécu les neuf derniers mois dans le calme intra-utérin, le nouveau-né aime retrouver un environnement apaisant.

La musique est un élément essentiel, elle est indispensable et indissociable du déroulement de mon soin. Elle me permet de rentrer dans ma bulle, de me déconnecter de tout élément extérieur qui pourrait parasiter le bain que je vais pratiquer. Elle m'offre la possibilité de me relier au bébé et d'être totalement disponible pour lui.

**Je choisis des mélodies douces et lentes : elles donneront le rythme de mon bain, le tempo pour mes bercements aquatiques.**

Des études ont démontré que la musique agit sur notre système nerveux, induit un ralentissement de nos rythmes respiratoire et cardiaque, une diminution de la tension artérielle, une détente musculaire et enfin instaure un état de calme. Alors, si la musique est bonne pour moi, elle ne peut que l'être aussi pour le nouveau-né.

## Le déshabillage en douceur

Je commence souvent par pulvériser dans l'air une brume de fleur d'oranger, connue pour son effet apaisant.

Puis vient le temps du déshabillage. **Il ne faut jamais se presser.** C'est à ce moment qu'arrivent les pleurs : un bébé n'aime pas être déshabillé, car ses vêtements sont sa protection : avec eux, il se sent hors de danger, à l'abri du froid. **Il est important de rester en contact permanent avec l'enfant**, aussi je lui tiens la main à chaque étape du déshabillage, en le rassurant par mes mots, mon intonation. À son regard, il est facile de s'apercevoir qu'il comprend ce qu'on lui dit. J'ai remarqué très régulièrement que, lorsqu'on ouvre le pyjama du bébé, les boutons-pression font beaucoup de bruit, et chaque ouverture d'une pression fait presque sursauter le bébé. Je m'assure donc de les détacher avec précaution.

Il ne faut jamais cesser d'observer votre bébé pour vous adapter à ses sursauts, ses réactions, afin de diminuer au maximum toutes les sources de frayeurs. Puis j'installe le bébé dans un grand lange tout doux et je l'y enveloppe comme s'il était dans le ventre de sa maman. Cette première étape permet aux parents de voir qu'il est possible de déshabiller leur enfant et de le faire entrer ensuite dans un bain sans pleurs.

## L'immersion dans l'eau

Au moment de l'immersion dans l'eau, je regroupe les membres de bébé dans mes mains et j'immerge tranquillement son corps dans l'eau. Sitôt que je le plonge dans son bain, le nouveau-né sait qu'il peut s'abandonner entre mes mains qui l'accueillent. Il ressent mes intentions qui sont de lui procurer un moment de bien-être et d'expression de ses tensions.
J'observe ses yeux, il me guide, je le suis.
**Le bébé se reconnecte à ce qu'il connaît, à ce qui le rassure.** Il doit être baigné jusqu'au ventre pour ne pas avoir froid ; si une partie de son corps reste trop en dehors de l'eau, il se mettra à pleurer. Il est nécessaire de l'immerger au maximum, tout en respectant ses limites – il sait me faire comprendre lorsqu'il se sent perdu dans une trop grande quantité d'eau. Je lui fais sentir les bords de la baignoire afin qu'il ne perde pas ses repères, surtout au début du bain, tant qu'il n'a pas atteint la détente totale. Ensuite, je vais plus loin dans l'immersion. L'eau recouvre une grande partie du visage. Seuls le nez et la bouche restent hors de l'eau.
Depuis que je pratique le Thalasso Bain Bébé, j'ai pu assister à **des comportements très différents selon l'histoire du bébé** :

- **Soit il s'abandonne dans le bain**, ferme les yeux, se laisse bercer, se fait masser la tête par un filet d'eau, me laisse l'immerger le plus possible et savoure ce moment hors du temps, qui le ramène au ventre de sa maman. Je lui offre alors toute la liberté de revenir à ses bons souvenirs, ses bonnes émotions, et parfois même de retrouver des positions qu'il avait dans sa poche amniotique.
- **Soit le bain est un peu plus agité**, parce qu'il rappelle au bébé des souvenirs douloureux et des émotions compliquées. Je suis alors là pour lui. Je l'accompagne, lui donne la parole, le sécurise et lui raconte son histoire. J'emploie beaucoup de messages positifs de confiance, de sécurité, je valorise la force qu'il a eue pour naître, parfois son combat. Si mes mains ne suffisent pas, qu'il a besoin d'être encore plus contenu, je le sers dans

mes bras. S'il faut que je mouille mon tee-shirt pour le soulager, je le fais. Après tout ce temps et ces échanges, il atteint enfin ce fameux lâcher-prise, l'apaisement.

- **Il arrive aussi que rien n'y fasse et que le bébé ne s'apaise pas**, même après que j'ai sorti tous mes « outils ». Le bébé a tellement besoin de raconter sa naissance ou sa vie intra-utérine que je dois juste lui donner tout l'espace et toute l'écoute qu'il réclame. Je l'accompagne et l'encourage à évacuer dans l'eau toutes ses douleurs, toutes ses peurs et tous ses ressentis négatifs. Les parents sont là près de lui, je suis là, et nous l'accompagnons dans ses pleurs. Il peut émettre des soupirs à fendre l'âme. Lorsque je rencontre cette situation, un deuxième ou un troisième bain sont nécessaires. Étonnamment, le second est généralement l'opposé du précédent. Je sens que le bébé est soulagé et qu'il va mieux. Quelle satisfaction alors pour moi de voir que mon bain est utile à ce bébé qui souffre dans son corps et dans son âme !

## Une véritable danse

Au cours de ces bains qui se déroulent sans aucune anicroche, plus les minutes passent et plus les bébés s'évadent vers un autre niveau de conscience dans lequel ils n'ont plus besoin de leurs repères. Mes mains accompagnent leur lâcher-prise pour qu'ils se sentent le plus libre possible dans l'eau. Je tiens à préciser que je ne les lâche jamais et que toute mon attention est focalisée sur leurs mouvements et leurs possibles réactions. Ils peuvent en effet passer d'un état de lâcher-prise total à un sursaut brusque, ce qui confirme l'importance d'avoir des mains aguerries.

**J'observe et je réagis aux mouvements du bébé. Il me parle avec son corps, avec ses yeux, avec son langage à lui. Une véritable danse s'instaure entre lui et moi : je suis ses mouvements, je permets à son corps de s'exprimer.** Il est mon guide ; c'est lui qui me conduit là où il a envie d'aller. Au fil des ans, j'ai appris à déchiffrer les regards, les mouvements, à réagir de plus en plus vite pour que les bébés dont je m'occupe se sentent à l'aise, sans aucune peur.

### La dernière étape et non des moindres : la sortie du bain

Toujours à mon grand étonnement, lorsque j'estime que le moment est venu de le sortir du bain, le bébé me fait aussi comprendre qu'il en a lui-même envie. Nous sommes très souvent synchrones.
La sortie est un moment important, et j'ai beaucoup expérimenté pour savoir ce qui convenait le mieux. Les bébés n'aiment pas être sur le dos, donc au début de ma pratique, je les positionnais sur le côté à la sortie du bain, avant de m'apercevoir que le mieux était de **les mettre sur le ventre en les enveloppant dans une serviette, pour qu'ils se sentent de nouveau contenus**. Désormais, je regroupe leurs pieds et leurs genoux, puis je pose les enfants tout en douceur sur une grande serviette éponge qui viendra entièrement les recouvrir et leur donnera cette chaleur et cette impression de cocon qu'ils aiment tant.

*Paroles de bébé baigné*

« Dans le ventre de maman,
j'étais rassuré, il y avait
des bords.
Dans le ventre de maman,
j'étais entouré d'eau.
Dans le ventre de maman,
j'avais chaud.
Dans le ventre de maman,
je prenais le temps,
j'étais bercé.
Dans le ventre de maman,
je bougeais à ma guise. »

## Un bain révélation

### Se laisser aller à l'émotion lors du bain

L'émotion vous cueille sans que vous puissiez la contrôler et elle vous submerge : un réel bonheur ! La première fois est très surprenante pour les parents, car ils ne s'attendent pas à être autant bouleversés. Si les papas s'essuient discrètement les yeux, les mères pleurent souvent.
Je vois des mamans qui touchent leur ventre en me regardant baigner leur bébé. Les larmes coulent sur leurs joues. Elles sont très émues devant la beauté de leur bébé qui s'abandonne dans mes mains. Elles ont l'impression de visualiser ce qu'ont pu être pour leur bébé ces neuf mois passés dans leur ventre. Sans doute sont-elles un peu nostalgiques. Parfois, ce sont aussi des

sanglots, des larmes qui s'évacuent après avoir eu peur pour leur enfant, selon la manière dont s'est déroulé l'accouchement.

## L'aspect réparateur du bain, il devient soin

Le Thalasso Bain Bébé m'a souvent surprise par son côté réparateur – c'est la raison pour laquelle j'emploie souvent le mot « soin » pour le désigner.
Pour la première fois, je livre dans cet ouvrage un ressenti très intime, une sensation que je vis avec le bébé. C'est bien plus qu'un bain, c'est une connexion profonde, oserais-je dire, d'âme à âme.
Je lui chuchote quelques mots à l'oreille, je prends une profonde inspiration, puis me connecte au nouveau-né. Entre mes mains, il descend dans l'eau, sent un courant chaud sur son dos et s'immerge. Nos énergies se mêlent. En quelques secondes, je ressens déjà qu'il s'abandonne, qu'il retrouve sa zone de confort, qu'il est en sécurité. Je veux lui donner le meilleur de moi-même : ma disponibilité, mon écoute, mon observation et mon énergie.
**Avant que tous ses souvenirs soient rangés très loin dans sa mémoire, je l'invite une dernière fois à ressentir toutes ces sensations connues, cette liberté de se mouvoir ou de dormir dans l'eau, et pourquoi pas à rejouer sa naissance.**

### SALOMÉ

*« Je suis encore dans cet instant magique, j'ai l'impression que c'est moi qui ai pris le bain. Merci, c'était inoubliable. Je garderai ce souvenir à vie. »*

Il arrive que, durant l'accouchement, le temps s'arrête à cause d'une urgence, soit pour la maman, soit pour le bébé. Tout n'est alors qu'inquiétudes, et maman comme bébé restent figés dans ces instants.
Je reprends alors tranquillement « le film » à cet endroit et je revis avec bébé comme avec les parents ce qu'ils espéraient.
De bercements en silences, de mots à maux, le nouveau-né a souvent besoin de libérer ses peurs, ses incompréhensions. Je le serre alors fort dans mes bras. Je prends de grandes inspirations et expire lentement comme si « je rentrais en lui » pour mieux l'écouter et le comprendre.
**Il doit bien ressentir qu'il n'est pas seul, qu'il est entouré.** Je sais instinctivement lorsque vient le moment de relâcher cette pression de mes bras sur

son corps. Cela peut prendre quelques minutes ou plusieurs vingtaines, mais ensemble, nous y arrivons toujours.
Après avoir accueilli les pleurs de bébé, je peux le sortir du bain. Il s'apaise et s'endort.
Ensuite, très souvent, c'est la maman qui a besoin d'être serrée dans les bras, d'être rassurée, de lâcher, elle aussi, toutes ses peurs et son sentiment de culpabilité. Je suis là pour le bébé et là pour les parents. À cet instant présent, c'est incroyable, la maman et le bébé ont le même besoin d'être pris dans mes bras.
Dans cette pièce où se déroule le bain, on laisse une partie de son histoire, parfois lourde, pour s'en aller plus léger.
Régulièrement, j'entends de la part des mamans : « Je NOUS ai fait le cadeau de venir vous voir. » C'est tellement touchant. On ne dissocie pas le bébé de la maman : si l'on soulage l'enfant, on soulage également la mère. La relation s'en trouve nécessairement renforcée.

NOURA

*« J'ai vécu un moment merveilleux, magique et inexplicable, ça m'a vraiment bouleversée ! Je n'ai pas les mots pour décrire mon ressenti. Vous nous avez fait beaucoup de bien. »*

## Un bain magique : le bain des jumeaux

Baigner des jumeaux reste pour moi un moment privilégié. Ils naissent avec un lien très fort et leur proximité rend le moment du bain magique. Ils vivent un véritable peau à peau entre eux. Ils se cherchent, se tètent, se goûtent et s'apaisent.
Fréquemment, **on voit déjà apparaître une partie de leur caractère ou leur positionnement l'un par rapport à l'autre.** Il y a celui qui se pose sans bouger et celui qui est agité.
Parfois, lors d'un bain, l'un des deux est plus vigoureux et ils me font sentir que quelque chose n'est pas à la « bonne place ». Je découvre alors qu'ils retrouvent leur sérénité lorsque je les change simplement de position l'un par rapport à l'autre. C'est un phénomène fantastique, et certaines mamans sont capables de m'indiquer qu'ils ont repris à cet instant précis la place qu'ils occupaient

dans leur ventre. Ils possèdent encore, pour beaucoup d'entre eux, la mémoire de leur place. Un moment de grâce.

## Le bain à la maison

Malgré tout ce que je peux apporter au bébé, le meilleur bain restera celui que ses parents lui donneront. Je ne pourrai jamais remplacer l'amour maternel et paternel, ni ce que les parents représentent. **J'ai de la tendresse pour tous les bébés, mais l'amour et le lien qui existent entre eux et leurs parents sont le meilleur soin qui existe.**

Depuis toutes ces années de pratique, je remarque toutefois que le bain de bébé fait toujours aussi peur aux parents, surtout lorsque la première expérience à la maternité n'a pas été très heureuse.

Lors de mes consultations à domicile, j'entends régulièrement des parents me tenir ce discours : « Nous sommes stressés, notre bébé pleure à chaque bain. Nous sommes désemparés face à ses pleurs. Il ne prend pas de plaisir et nous ne comprenons pas pourquoi. À la maternité, il a hurlé à son premier bain. »

La sécurité est primordiale, mais vous faire confiance et prendre du plaisir à donner le bain à votre enfant est tout aussi essentiel. Je vous rassure : vous ne le noierez pas même s'il boit quelques gouttes d'eau.

### Quelle baignoire choisir ?

Au cours des premiers mois, évitez de baigner votre nouveau-né dans la baignoire de votre salle de bains, trop grande, trop basse, trop glissante. Vous risqueriez de vous épuiser, voire de provoquer un incident.

Vous trouverez dans le commerce toutes sortes de **baignoires pour votre bébé**. La taille de votre salle de bains doit entrer en ligne de compte dans votre choix, car bien sûr, l'essentiel est de penser à votre confort, et vous devez pouvoir circuler facilement. Il existe des baignoires pliables (ce qui peut être pratique pour les petits espaces), mais dont les pieds ne sont pas adaptables à votre hauteur.

Pour que le bain puisse durer, préservez votre dos. Si vous mettez la baignoire de bébé dans votre baignoire ou dans le bac à douche, cela peut s'avérer très inconfortable, surtout si vous avez eu une césarienne ou que vous conservez des douleurs de votre accouchement.

## Des Thalasso Bain Bébé libérateurs

• Voici l'histoire singulière – et elles le sont toutes – d'un enfant auquel j'ai donné le bain. Je ne connaissais pas le récit de sa naissance, et lorsque j'essayais de l'immerger dans l'eau, il était en pleurs et je devais le ressortir presque aussitôt. Malgré toutes mes précautions – m'assurer qu'il n'avait pas faim, qu'il ne voulait pas de câlins, que rien d'anormal n'était à déplorer –, **il refusait d'être immergé**. Je sentais que quelque chose n'allait pas, aussi ai-je demandé à ses parents de me raconter sa naissance, ce qui m'a fait comprendre pourquoi il refusait le bain. Lors de l'accouchement, il avait bu le liquide amniotique, ce que l'on appelle dans le jargon médical « boire la tasse ». Il avait dû être pris en charge immédiatement pour que ses voies respiratoires soient désobstruées, sans avoir eu le temps de rencontrer ses parents, d'où son inquiétude face au milieu aquatique. Son arrivée dans le monde avait été vécue comme un arrachement, un traumatisme – autant par la mère que par le bébé qui avait perdu tous ses repères. **J'ai alors enveloppé l'enfant dans un linge propre et je lui ai raconté son histoire, son arrivée, sa naissance.** Je lui ai dit que malgré cette arrivée difficile, aujourd'hui, ses parents étaient là, qu'il pouvait avoir confiance. Au son de ma voix et à l'écoute de son histoire, il a réussi à se relaxer et s'est laissé baigner. C'était incroyable !

J'ai ensuite conseillé à la mère de lui raconter elle-même ce qu'ils avaient vécu, de lui exprimer ses émotions avec ses propres mots. Mon bain a permis à cette maman de se libérer vis-à-vis de son enfant et à ce bébé de renouer avec ses parents.

• Lors d'un soin avec un bébé né sous X, **il a fallu le baigner trois fois pour réussir à le calmer**.

• Je me souviens aussi d'un autre bébé en plein sevrage de drogues consommés pendant la grossesse. **Je n'oublierai jamais les cris de ce tout-petit.** Après le troisième bain, l'équipe médicale m'a dit qu'il avait tellement bien dormi qu'ils n'avaient pas voulu le réveiller pour lui donner ses médicaments : c'était exceptionnel.

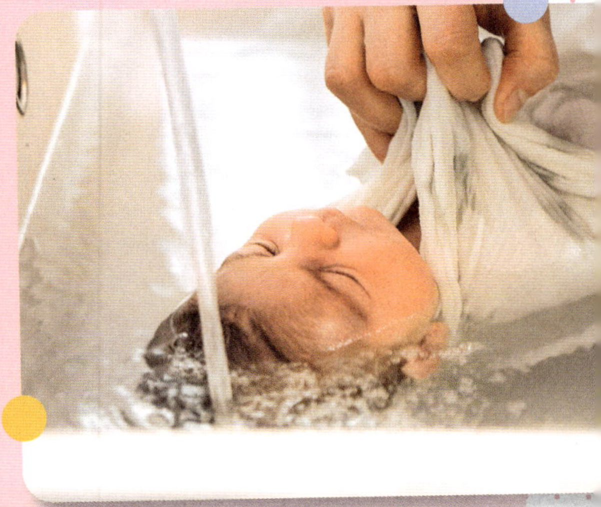

Je ne recommande pas du tout les baignoires avec transat préformé : d'après mon expérience et l'avis des parents, elles ne sont pas confortables pour le nouveau-né. Le moulage empêche en effet le parent de bien allonger son enfant et de le recouvrir suffisamment d'eau pour le maintenir au chaud. Il a froid, donc il pleure !

## Mes conseils pour un bain en douceur

- Pensez à préparer tout le matériel dont vous aurez besoin avant de faire couler le bain de votre bébé : **la serviette, la couche, le body, les vêtements**.
- En premier lieu, assurez-vous que votre bébé n'a pas **faim** avant de le baigner.
- En hiver, vérifiez que la salle de bains est suffisamment **chaude**, aux alentours de 23 °C.
- **Déshabillez** votre bébé en lui tenant la main : ainsi, il accompagnera vos gestes et vous serez en connexion.
- Bien que l'on conseille en général de remplir la baignoire de 8 à 10 cm d'eau, il est préférable d'en mettre davantage : il faut pouvoir lui **immerger le ventre** pour qu'il n'ait pas froid, mais ne pas mettre trop d'eau non plus pour qu'il ne perde pas ses repères.
- La température du bain doit être à **37 °C** (faites couler l'eau à 38 °C : le temps de déshabiller votre bébé, elle sera à la bonne température). Cela vous laisse une dizaine de minutes pour donner le bain. N'oubliez pas les deux règles essentielles : lenteur et douceur.
- Mettez de la **musique apaisante**. Vos gestes s'accorderont au tempo lent, et vous entrerez plus facilement dans une ambiance douce et enveloppante.

## Les bons gestes à adopter

À la maternité, les sages-femmes vous montreront les bons gestes pour baigner votre enfant en toute sécurité.
Dans la pratique, pour qu'un bain soit réussi, il faut que le corps du bébé soit immergé et que sa tête le soit aussi jusqu'aux oreilles. S'il commence à battre des pieds, cela peut signifier qu'il perd ses repères : rapprochez-le alors du bord de la baignoire. **Il appréciera alors de sentir le contact au niveau des pieds, le contact avec votre bras, le contact de votre main sur son ventre et la chaleur de l'eau.** Quand on sait qu'un bébé a peur des « grands espaces » et du froid, il est important de toujours chercher à résoudre ces deux problèmes.

Savonnez délicatement votre bébé juste avant de le sortir du bain. Comme il est inutile de le rincer à l'eau claire, vous pouvez procéder au savonnage au dernier moment.
**Pour le sortir du bain**, rassemblez ses petites jambes et positionnez-le sur le côté (la position sur le ventre est un peu difficile à mettre en œuvre, soyez deux au début si vous souhaitez la réaliser et prenez votre temps). Puis couvrez bébé d'une serviette pour l'accueillir et l'envelopper entièrement. Laissez-le quelques instants ainsi.
Même si un bébé a bu juste avant le bain, il se peut qu'il réclame de nouveau le sein après pour se désaltérer. **La sortie du bain est alors le moment idéal pour s'offrir un peau à peau.**

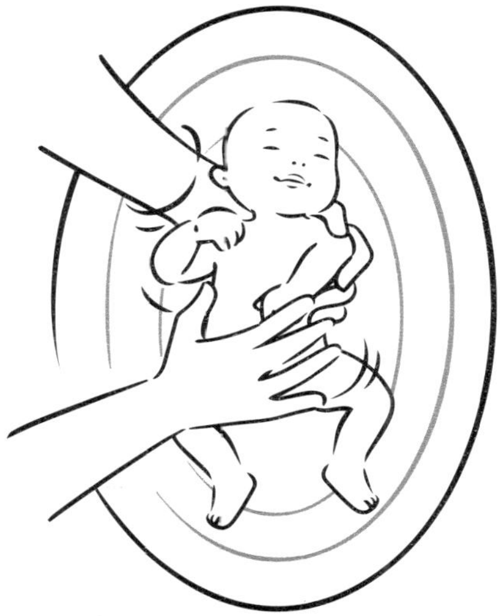

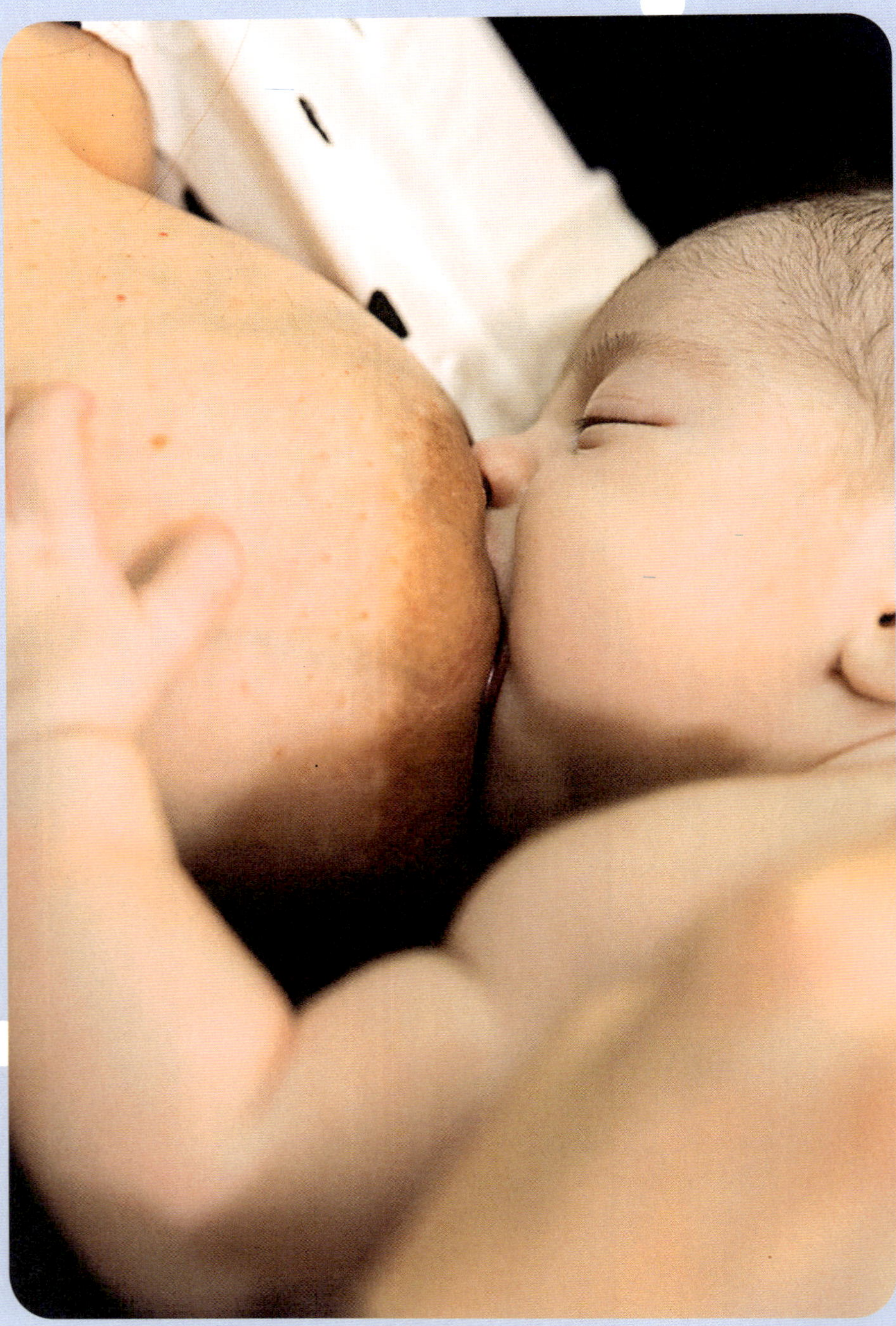

# L'allaitement au sein ou le biberon

C'est une question qui vous vient rapidement à l'esprit. Est-ce que j'aimerais allaiter mon bébé ? Est-ce que ce serait mieux pour lui ? Pour certaines, le choix est une évidence, pour d'autres, l'hésitation perdurera jusqu'à la naissance.

## Un choix strictement personnel

L'allaitement au sein ou le biberon doit rester un libre choix, sans qu'aucun jugement ne soit porté dessus. Si la discussion avec votre compagnon n'a pas suffi, n'hésitez pas à obtenir des renseignements auprès de votre médecin, de l'équipe soignante, faites des lectures sur le sujet ou bien assistez à un cours de préparation à la naissance sur le thème de l'allaitement. Comme pour le prénom, certains parents ont besoin de la rencontre avec leur enfant pour avoir le déclic. **Peu importe votre choix final : personne n'a le droit de remettre en cause votre décision** – qu'il s'agisse du prénom ou de la manière d'alimenter votre enfant.

Si la pensée d'allaiter vous effraie, gardez simplement à l'esprit que toutes les femmes ont la capacité d'allaiter – la lactation est un processus physiologique qui n'a rien à voir avec la taille ou la forme des seins !

### *La physiologie du sein*

Il arrive parfois que votre bout de sein soit ombiliqué ou invaginé, c'est-à-dire que le mamelon soit rentré à l'intérieur du sein, ce qui peut compliquer la prise en bouche du téton par le bébé. Ce n'est pas la même chose qu'un bout de sein plat – on les confond souvent. Environ une femme sur dix est concernée.

Ce qui compte le plus, c'est l'accueil de votre bébé et l'amour que vous lui donnerez. Cependant, préparez-vous à vous retrouver au centre du sempiternel débat « pro-allaitement » et « anti-allaitement » ! Des personnes toujours bien intentionnées voudront vous conseiller. Faites confiance avant tout à votre ressenti et à vos envies.

**Je rappelle toujours aux mamans qu'une mère qui subit des pressions pour donner le sein risque un allaitement raté et douloureux.** Le bébé est une « éponge » à émotions : il préférera ressentir une maman joyeuse et épanouie qui donne le biberon plutôt qu'une mère réticente et peu à l'aise en essayant de donner le sein.

J'en profite pour parler du label Hôpital Ami des bébés (IHAB de l'OMS et de l'Unicef), qui désigne des établissements dans lesquels les mamans qui optent pour le biberon ont l'impression de ne pas être bien accueillies. J'ai un peu de mal avec cette « ségrégation » d'accompagnement entre les mères qui allaitent et les mères qui donnent le biberon.

## L'allaitement en chiffres

Voici quelques chiffres sur la place de l'allaitement et sa durée en France et dans le monde.

- **Le taux d'allaitement** en France est de 68,1 % en 2016 contre 66 % en 2013. Il est de 40 % à 11 semaines, puis 30 % à 4 mois et enfin 18 % à 6 mois.
- **La durée moyenne de l'allaitement** en France est de 17 semaines, dont 7 semaines en exclusif, contre 8 à 13 semaines dans les années 1990.

En net progrès, la France reste toutefois loin des objectifs fixés par l'Organisation mondiale de la santé, qui recommande 6 mois d'allaitement exclusif.

- Dans, le monde, environ 44 % des nourrissons âgés de 0 à 6 mois sont **exclusivement allaités au sein**.
- **L'allaitement à 6 mois** est de 80 % en Norvège, 72 % en Suède, 60 % en Finlande, 50 % en Allemagne, 9 % en Australie et seulement 1 % en Angleterre.

## La tétée dite « de bienvenue » ou « d'accueil »

J'ai pris conscience depuis peu que le terme « tétée de bienvenue » ne convient absolument pas et qu'il est surtout très culpabilisant pour les mamans qui ne veulent pas ou ne peuvent pas offrir à leur bébé cette tétée en salle de naissance. J'ai donc décidé de l'appeler « tétée en salle de naissance ». Grâce aux hormones sécrétées pendant l'accouchement, votre bébé connaît une phase d'éveil d'environ deux heures. C'est l'idéal pour la première tétée.

Si, à ce stade, vous n'avez toujours pas décidé si vous préférez allaiter ou donner le biberon, pourquoi ne pas essayer d'offrir à bébé une tétée en salle de naissance ? Cela ne préjuge absolument pas de la suite des événements ! Le regret est un sentiment amer, alors si vous hésitez, essayez. **Cette première tétée, si vous décidez de la proposer à votre enfant, ne débouche pas forcément sur l'allaitement.** Elle vous permet de ressentir physiquement et émotionnellement si ce contact vous procure à vous aussi du plaisir, car le seul plaisir du bébé est insuffisant. Si cette expérience charnelle est une révélation, poursuivez encore une journée et laissez-vous le temps pour prendre votre décision. Dans le cas contraire, n'ayez aucune crainte, votre bébé ne sera pas frustré de passer au biberon après cette tétée.

**Cette tétée offre aussi une douce et jolie transition d'univers.** À sa naissance, votre bébé a besoin d'être rassuré, de retrouver la chaleur, l'odeur, le battement cardiaque, l'enveloppement et même l'humidité qu'il a connu dans votre ventre. C'est pour cela que le personnel soignant pose l'enfant sur votre buste, tout près du sein : il trouve du réconfort à travers votre chaleur corporelle.

**Le fait de téter le sein contribue également à le calmer.** Voilà pourquoi nous appelons également cette première tétée la « tétée d'accueil ». Elle adoucit la bouleversante naissance de votre bébé.

Physiologiquement, cette tétée joue par ailleurs un rôle contractile sur votre utérus, ce qui diminue les risques d'hémorragie et l'aide à reprendre plus vite sa taille, sa forme et sa tonicité.

Vous y êtes, ce moment tant attendu est arrivé ! Votre enfant vient de naître et tout s'est bien passé. Le personnel s'assure que bébé va bien, qu'il s'adapte rapidement, qu'il a une belle couleur, qu'il respire bien, puis le dépose peau à peau sur votre poitrine.

## Le colostrum

Surnommé l'« or jaune », le colostrum est le premier liquide ingéré par votre bébé si vous décidez d'allaiter. Sa production dure entre 48 et 72 heures (vous pouvez avoir des écoulements de colostrum dès la fin de la grossesse).

**Le colostrum est produit en petite quantité, mais c'est un nectar rempli de bienfaits :**

- Il a la même odeur que le liquide amniotique.
- Il stimule le système immunitaire – on dit de lui que c'est un vaccin naturel, très riche en anticorps.
- Il est composé de nombreux probiotiques et permet la construction d'une flore intestinale saine.
- Il est très digeste et favorise l'évacuation du méconium (excrément accumulé dans les intestins du fœtus).
- Il est riche en vitamines et minéraux.

Si vous hésitez entre un allaitement au sein et le biberon, je recommande tout de même la tétée en salle de naissance à toutes les mamans.

Bébé a souvent les yeux bien ouverts, et ce premier échange visuel avec sa mère, fort en émotions, est appelé le « proto-regard » (voir encadré ci-contre). Puis vous allez peut-être le sentir grimper, se hisser vers votre sein. Il peut avoir besoin d'un peu d'aide pour s'en approcher. Sa bouche se met alors en action, s'ouvre, et sa petite langue commence à lécher votre peau. Plusieurs tentatives lui sont parfois nécessaires avant d'arriver à saisir le sein.

**Si tout se passe bien, vous ne devriez pas ressentir de douleur, mais vous serez peut-être surprise de la puissante succion de votre bébé.** Dans le cas contraire, vérifiez que la prise en bouche du mamelon est bonne. Le bébé doit ouvrir grand sa bouche, attraper le mamelon et une grande partie de l'aréole. N'hésitez pas à demander de l'aide à l'auxiliaire de puériculture ou à la sage-femme. Le personnel soignant est là pour vous accompagner, pour rendre l'allaitement agréable et le faire se dérouler dans les meilleures conditions possibles.

## Le proto-regard, ou regard du naissant

« Même si le sein est à portée de sa bouche, [le bébé] sera d'abord beaucoup plus intéressé par le visage de sa mère, et surtout par ses yeux : le regard du nouveau-né devient concentré, intense, profond. Le bébé va ensuite fixer la forme ronde et contrastée du mamelon qui commence à dégager une odeur évoquant le liquide amniotique. Dès la première demi-heure de vie, il commence à faire des grimaces avec sa bouche, à bouger ses lèvres et sa langue, à suçoter ses doigts imprégnés de liquide amniotique[6]. »

6 Marc Pilliot, *Le Regard du « naissant »*, Éditions universitaires européennes, 2017. Le docteur Marc Pilliot est pédiatre, président de la Coordination française pour l'allaitement maternel, anciennement praticien à la clinique Saint-Jean de Roubaix, qui a obtenu le label international Hôpital Ami des bébés en mai 2002.

## La mise en route de l'allaitement

Au cours de votre séjour à la maternité, vous pourrez expérimenter les positions les plus confortables pour votre bébé et vous, pour allaiter le jour et la nuit. Profitez de ces moments pour rencontrer votre enfant et **demandez de l'aide aux professionnels si besoin. Ne partez pas de la maternité sans que l'on vous ait montré les différentes positions pour allaiter.**

Limitez les visites, car elles perturbent le bon déroulement de votre allaitement, soit parce que certaines femmes n'osent pas le faire devant la famille ou les amis, soit parce que l'agitation n'est pas propice à la quiétude du bébé et de la maman. **Vous ne devez, en aucun cas, privilégier vos visiteurs sur l'allaitement en faisant patienter bébé.**

Encouragez votre bébé, félicitez-le. Soyez patiente avec lui, il découvre des sensations inédites. C'est un nouveau monde dans lequel il est totalement désorienté. Soyez fière aussi de vos efforts. L'allaitement, c'est une affaire d'équipe : maman, bébé et papa ou l'autre maman.

## Renseignez-vous et préparez-vous

Je conseille vraiment de rencontrer, avant d'allaiter, soit une association d'aide à l'allaitement, soit une consultante en lactation qui pourra donner des conseils très utiles pour bien démarrer l'allaitement.

Sur ce sujet, vous allez recevoir pléthore de conseils, donc si vous voulez allaiter, vous devez vous préparer, vous informer et recevoir tout le soutien nécessaire à votre démarche.

L'allaitement prend le relais de la vie intra-utérine, c'est une autre aventure qui commence, parfois semée de quelques difficultés, d'où l'importance d'y être préparée.

## Les tétées suivantes

Le premier jour, votre enfant ne réclamera certainement pas trop, car il vient de passer neuf mois « sous perfusion », avec tout l'apport nutritionnel dont il avait besoin.

Profitez-en pour vous reposer. Si cette phase de récupération dure un peu trop, demandez l'avis de l'équipe de soignants : ces derniers vous aideront à mettre votre bébé en peau à peau pour stimuler ses réflexes de succion et son envie de se nourrir. La succion de bébé entraîne la production de lait maternel.

Si, malgré le peau à peau, votre bébé reste endormi, il est possible d'extraire manuellement le colostrum produit lors des premières heures qui suivent l'accouchement et de le donner avec une petite cuillère. Demandez de l'aide au personnel pour qu'il vous montre comment faire.

**La production du lait est naturellement stimulée par les tétées du bébé.** Deux hormones régulent le processus de lactation :

- la prolactine, responsable de la production du lait ;
- l'ocytocine, responsable de l'éjection du lait.

Le lait maternel est riche en vitamines et sels minéraux qui participent au bon développement de bébé. Parce qu'il regorge d'anticorps, le lait maternel aide bébé à se prémunir contre les maladies respiratoires et intestinales. Ainsi, fini les constipations, car ce lait lui permet d'évacuer plus aisément ses premières selles.

## Les différentes étapes de la production du lait maternel

Tout au long du premier mois, le lait connaît des évolutions normales dans sa texture. Vous pourrez constater vous-même son changement d'apparence et de composition. Il change également au cours d'une même tétée : il est d'abord clair, légèrement bleuté et riche en eau pour hydrater le bébé, puis il devient épais et crémeux afin de le rassasier.

**Après le colostrum, une première montée de lait se produit**, plus ou moins douloureuse selon les femmes et leur seuil de tolérance. Soyez accompagnée dans ce moment-là, surtout si c'est votre premier bébé.

**Du 6^e^ au 14^e^ jour**, vos seins sécrètent le lait de transition.

**À partir de la 3^e^ semaine**, vous commencez à produire du lait mature ; c'est alors qu'une **seconde montée de lait** arrive. En règle générale, elle est moins douloureuse que la première et peut même passer inaperçue !

Physiquement, vous aurez probablement les seins plus tendus au début de l'allaitement. Ils deviendront peu à peu plus souples : c'est normal et cet assouplissement ne signifie pas que vous fabriquez moins de lait.

## La durée et la fréquence de l'allaitement au sein

Aujourd'hui, les séjours en maternité sont de plus en plus courts et les femmes se retrouvent souvent seules face à leurs questionnements.
Les règles de base de l'allaitement sont les suivantes :

- **Plus tôt votre bébé est mis au sein, plus tôt la montée de lait se fera.** Vous augmentez ainsi vos chances d'avoir une lactation de qualité et en quantité suffisante. L'enfant peut même commencer à prendre du poids dès son deuxième ou troisième jour de vie.
- **Ne vous préoccupez ni de la durée ni de la fréquence des tétées.** En effet, un nouveau-né peut réclamer une mise au sein très fréquente sans que cela doive vous inquiéter. Ses demandes régulières et répétées n'impliquent pas que votre lait soit insuffisant ou pas assez nourrissant. Le temps que son système digestif soit mature, votre bébé va réclamer souvent et par petites quantités.

Ces mises au sein fréquentes peuvent être exténuantes, mais ne vous découragez pas : vous aurez finalement un enfant repu et un lait de bonne qualité.
Je suis toujours abasourdie en entendant que certains pédiatres conseillent aux mères qui allaitent d'espacer les tétées de trois heures, même lorsqu'un bébé n'a que 14 jours. Lorsque je partage mon désarroi avec d'autres mères, beaucoup réagissent en me disant qu'elles ont raté leur allaitement à cause de ce genre de conseils ! Contrairement au lait en poudre, le lait maternel est digéré bien plus rapidement par l'organisme du nourrisson – en une heure bien souvent. C'est pourquoi il faut donner le sein à un enfant dès qu'il le réclame. De plus, si cette question venait à vous faire douter, sachez que l'obésité n'existe pas chez les enfants allaités.
Une fois mis au sein, vous constaterez que votre enfant ne tète pas forcément pour s'alimenter – ou très peu. Toutes les tétées sont différentes. Observez-le lorsqu'il tète : il y a la succion qui prépare à l'éjection du lait – cette tétée est plus rapide et plus courte –, puis celle de l'éjection du lait – tétée plus longue – et enfin les tétées rassurantes et douces.
**Quelle est la durée idéale d'une tétée ? Seul bébé le sait.** Votre enfant peut se nourrir en 5 minutes comme en 30 ou 40 minutes. La moyenne se situe entre 10 et 20 minutes.

J'attire votre attention sur la 3e semaine : votre enfant connaît alors un pic de croissance et sa demande à être mis au sein est grandissante. Souvent, j'entends des mères me dire : « Je n'ai peut-être pas suffisamment de lait » ou « Mon lait n'est peut-être pas assez riche. » Il n'en est rien ! Mettez votre bébé au sein aussi souvent qu'il en a besoin. Ce pic de croissance ne dure jamais très longtemps.

## Bien s'installer pour allaiter

**Vous devez vous installer de façon à éviter les tensions au niveau de la nuque et des trapèzes.**

Le bébé doit être dans une bonne position pour téter au mieux, son corps entièrement tourné vers votre corps, bien calé dans le creux de votre bras. Vous ne devez pas ressentir de douleur si votre position est correcte. Votre bébé doit prendre dans sa bouche une grande partie de l'aréole – vous pourrez voir son oreille bouger au rythme d'une déglutition régulière.
Je vous recommande un accessoire indispensable – aussi bien pour l'allaitement au sein qu'au biberon : le coussin d'allaitement. Il permet de se positionner avec moins de tensions dans les épaules et dans le dos.

## Les désagréments de l'allaitement maternel

Si l'allaitement au sein est idéal et très bénéfique pour le tout-petit, il peut cependant entraîner quelques petits inconvénients pour les mamans.

**« Je n'ai pas assez de lait »**
Le manque de lait pour des raisons physiologiques est rare. Dans la plupart des cas, le corps obéit à la loi de l'offre et de la demande : il suffit de laisser votre bébé téter à chaque fois qu'il le souhaite pour que la lactation se régule. Veillez surtout à bien positionner votre bébé.

**« J'ai des crevasses »**
Assurez-vous que votre bébé prend correctement le sein : il doit avoir la bouche grande ouverte, le nez dégagé et le menton contre le sein (n'hésitez pas à adapter votre position). Vous pouvez aussi vérifier auprès d'un ostéopathe qu'il n'a pas de difficultés mécaniques de succion. Pour soigner vos crevasses, utilisez la technique du pansement au lait maternel : imbibez-en des compresses non tissées et placez-les sur votre mamelon jusqu'à ressentir un soulagement. Si vous observez des signes d'infection, consultez votre médecin.

**« J'ai des engorgements »**
L'engorgement est un problème fréquent : votre bébé n'a pas assez tété et les canaux lactifères sont bouchés. Vos seins sont durs, douloureux et chauds. Pour y remédier :

- continuez à faire téter votre bébé à la demande ;
- chauffez des compresses (ou un gant de toilette) humides et appliquez-les sur vos seins ;
- massez vos mamelons sous un jet d'eau chaude.

## Comment calmer les douleurs de l'allaitement ?

Les professionnels vous conseilleront d'appliquer du « froid » pour soulager les douleurs et du « chaud » pour aider à l'écoulement du lait.
En pharmacie, vous trouverez des **petites pochettes de gel bleu** que vous mettrez soit au réfrigérateur pour un effet rafraîchissant, soit quelques instants dans de l'eau chaude pour un effet décongestionnant.
Bien qu'un peu douloureux, le **massage du sein** est aussi très efficace et permet de le désengorger.
Et enfin, une « méthode de grand-mère » reconnue recommande l'utilisation de **la feuille de chou vert frisé**, car le chou contient une grande quantité de glucosamine, une molécule anti-inflammatoire. Pour cela :

- lavez une feuille de chou et enlevez la nervure centrale ;
- placez la feuille de chou crue au réfrigérateur ;
- au moment où vous en avez besoin, écrasez la feuille avec un rouleau à pâtisserie jusqu'à en extraire un peu de jus ;
- placez la feuille directement dans votre soutien-gorge, sur les parties douloureuses de votre sein ;
- laissez-la en place au moins une heure.

Des traitements homéopathiques peuvent aussi aider, mais la meilleure méthode reste de faire téter bébé et d'être accompagnée dans ce moment pénible. De nombreuses associations sont là pour vous aider et vous soutenir, telle la Leche League, ou encore les sages-femmes libérales – vous trouverez leurs coordonnées sur le site de la Coordination française pour l'allaitement maternel (CoFAM). Rien ne vaut un accompagnement humain pour entendre la souffrance et la difficulté.
Vous recevrez de nombreux conseils, entre autres l'utilisation de feuilles de chou pour vous soulager (voir encadré ci-dessus).

## Le lait maternel, un produit miracle

Ce lait possède des propriétés antiseptiques, cicatrisantes, calmantes, hydratantes, antivirales, anti-infectieuses, antibactériennes et antifongiques. Quel dommage de le jeter si vous en avez trop ! Votre lait peut en effet servir de remède doux à bébé, de manière naturelle, et prendre soin également de toute la famille. Il n'a aucun effet secondaire ni toxicité pour les petits maux du quotidien.
Bien entendu, il ne remplace pas le diagnostic d'un médecin : au moindre doute ou si les symptômes persistent, il faut le consulter.

**Pour le récupérer et le conserver :**

- Réutilisez une pipette vide de sérum physiologique.
- Déposez votre lait dans une cuillère à café, puis aspirez-le en pressant sur la pipette vide, qui va ainsi se remplir.
- Pour conserver le lait collecté dans la pipette, rebouchez-la avec le petit capuchon ou du film alimentaire et placez ensuite le lait au réfrigérateur, 24 heures au maximum.

**Il ne vous reste plus qu'à l'utiliser :**

- **Nettoyez le cordon** de votre bébé avec, pour aider à sa cicatrisation.
- Si votre bébé à une **conjonctivite**, vous pouvez d'abord lui nettoyer les yeux avec du sérum physiologique, puis terminer par une goutte de lait maternel – comme un collyre – dans chaque œil.
- Votre bébé peut avoir ce que l'on appelle des « croûtes de lait » dans le cuir chevelu. Massez doucement son crâne avec votre lait, laissez agir quelques heures, puis les croûtes ainsi ramollies partiront, à l'aide d'une brosse souple, lors du bain.
- Il arrive que les nouveau-nés aient de l'**eczéma**, qui se caractérise par des plaques rouges et une sécheresse cutanée ou de l'érythème fessier causé par le port des couches. Si vous appliquez un peu de lait maternel sur ces plaques, les symptômes et l'inconfort de votre enfant diminueront.
- Si votre bébé a un **léger rhume**, vous pouvez utiliser votre lait en faisant couler une goutte dans ses narines comme vous le feriez pour un spray nasal, plusieurs fois par jour. Vous l'aidez ainsi à mieux respirer. N'hésitez pas non plus à le faire également pour ses frères et sœurs enrhumés.
- Des **crevasses** peuvent survenir lorsque vous allaitez. Pour y remédier, utilisez votre lait. Imbibez-en une compresse et appliquez-la contre votre sein après chaque tétée. Assurez-vous que la compresse est bien maintenue.

Vous constaterez un réel soulagement.

- Le lait maternel est aussi un produit miracle pour les **coupures, griffures, brûlures ou piqûres** pour toute la famille. Ses propriétés aident à cicatriser plus rapidement et soulagent la douleur.

Des mamans pleines de créativité m'ont parlé de la fabrication de savons au lait maternel. D'autres ont congelé leur lait pour l'utiliser sur les gencives de leur bébé lorsque celui-ci faisait ses dents.

### « J'ai peur des fuites »

Lors de l'allaitement, vous constaterez des écoulements de lait entre les tétées. Il arrive même que, lorsque vous allaitez avec un sein, l'autre coule. Ce sont des signes d'un allaitement qui se déroule bien – même si cela peut être un peu gênant.

Dans le commerce, vous trouverez des coussinets. Certains sont jetables, d'autres plus écologiques et lavables. Ils absorberont ce trop-plein qui s'écoule naturellement.

Il existe également des coquilles d'allaitement : elles sont réservées à un usage à la maison, car elles sont moins discrètes.

### « J'ai eu un accouchement compliqué »

Pour un prématuré, l'accompagnement de l'allaitement se fera merveilleusement bien dans les services de néonatologie. Dans tous les cas, rassurez-vous : il est possible d'allaiter.

Pour une césarienne avec péridurale ou rachianesthésie, la mise au sein peut se faire pratiquement comme pour un bébé né par voie basse. Seule une anesthésie générale empêchera une mise au sein à la naissance, mais n'ayez crainte, elle ne sera que retardée. Si, au moment de votre réveil, vous vous sentez suffisamment en forme, que votre état général est bon, que votre bébé manifeste l'envie de téter, il pourra le faire dès votre retour du bloc, sauf contre-indication du corps médical.

## Tirer son lait

Vous désirez préparer des biberons de lait maternel parce que vous devez vous absenter ou pour que le papa puisse le donner pendant la nuit afin de vous permettre de vous reposer ? Je vous conseille d'attendre une vingtaine de jours avant de tirer votre lait (certains disent que c'est le moment de la seconde montée de lait, d'autres que la lactation s'adapte au bébé qui a un pic de croissance vers 3 semaines).

### Quel modèle pour quelle utilisation ?

Le tire-lait est nécessaire lorsque la stimulation des seins est retardée (en raison d'une prématurité ou d'un transfert à un autre hôpital, par exemple). Dans cette situation, un tire-lait électrique vous sera plutôt conseillé. Il en existe à double pompage (une pompe pour chaque sein), ce qui permet un gain de temps.

Vous reprenez le travail et vous aimeriez tirer votre lait dans la journée ? Vous opterez plutôt pour un tire-lait manuel ou un mini électrique, plus simple à transporter.
La meilleure stimulation reste la bouche du bébé, au moment de la journée où la production de lait est la plus importante, à savoir le matin.

**Tirer son lait avant ou après une tétée ?**
Si vous pensez que votre sein peut produire après la tétée de votre enfant, vous récolterez le lait gras et bien nourrissant. Sinon, essayez de le faire une petite heure après.
Évitez de comparer les quantités de lait bues par un bébé au biberon et celles bues par un bébé au sein. Un bébé allaité consommera des quantités de lait moindres, mais aura un nombre de tétées plus important.
Profitez de votre séjour à la maternité pour poser toutes les questions concernant le tire-lait et les modes de conservation du lait tiré.

## Le régime alimentaire à adopter pendant l'allaitement

Aucun aliment (ou presque) n'est à éviter : fini les restrictions de la grossesse ! Mangez de tout en quantité raisonnable et buvez beaucoup d'eau – vous aurez très soif au moment de la tétée.
Vos besoins en calories augmentent durant l'allaitement. Ne choisissez donc pas ce moment pour vous mettre au régime, vous nuiriez à votre santé et à celle de votre bébé ! Pour rétablir vos réserves nutritionnelles, vous devrez absorber environ 500 calories de plus par jour (entre 1800 et 2700 au total).
**Consommez des aliments sains et nutritifs, et buvez de l'eau.**
Pensez également à diversifier votre nourriture, dont les saveurs seront transmises à votre bébé. Votre lait n'en sera que plus aromatisé, et il n'est jamais trop tôt pour commencer son éducation gustative ! Grâce à l'allaitement, vous stimulerez son sens du goût et il découvrira peu à peu ses préférences, en fonction de votre alimentation.
Si bébé pleure et se tortille après une tétée, passez en revue les aliments consommés pour repérer d'éventuel es intolérances alimentaires (par exemple, des protéines de lait, certains fruits et légumes crus, qu'il vaudra alors mieux cuire).
Concernant le thé ou le café, faites-vous plaisir, mais sans excès (la théine et la caféine seront présentes dans le lait maternel au bout d'une à deux heures). Préférez-leur la tisane d'allaitement : sa composition à base de fenouil et d'anis

vert augmentera votre production de lait. Et comme votre bébé retrouve dans votre lait tout ce que vous consommez, il pourra aussi bénéficier des effets anticoliques de cette tisane.

**Quelques aliments sont à éviter pendant l'allaitement :**

- les gros poissons (tels le maquereau royal, le thon et l'espadon), car ils contiennent du mercure ;
- le persil en grande quantité, car c'est un antigalactogène puissant – c'est-à-dire qu'il fait chuter la production de lait.

## Qu'en est-il du tabac et de l'alcool ?

Je ne vous apprendrai rien en vous disant que l'alcool n'est vraiment pas recommandé. Vous avez un événement à fêter ? Essayez de le prévoir assez tôt pour avoir le temps de tirer votre lait et de le conserver au réfrigérateur ou au congélateur.

Le jour où vous consommez tout de même une demi-coupe de champagne, faites-le après une tétée. Ça laissera le temps à l'alcool de se dissiper (deux à trois heures) avant le prochain repas de bébé. Si votre consommation est plus grande, tirez votre lait pendant 24 heures et jetez-le. Vous nourrirez votre enfant avec celui que vous avez conservé.

Concernant le tabac, dans le cas où arrêter la cigarette vous paraît insurmontable, respectez les mêmes recommandations que pour l'alcool. Il est préférable de fumer une cigarette après une tétée pour permettre à la nicotine de s'éliminer de votre organisme. Deux ou trois cigarettes par jour n'empêchent pas un allaitement maternel. Si c'est plus, parlez-en à votre médecin ou à votre sage-femme. Il existe différents moyens d'accompagnement à l'arrêt du tabac : hypnose, produits de substitution, acupuncture…

## Pensez aussi aux cocktails sans alcool !

Voici trois de mes recettes préférées.

**• Virgin mojito pomme**
4 quartiers de citron vert
5 ou 6 feuilles de menthe
2 cuil. à café rases de sucre de canne
5 à 10 cl d'eau gazeuse
15 à 20 cl de jus de pomme
Des glaçons (pilés si possible)
Mettez tous les ingrédients dans un verre et servez avec une cuillère pour mélanger.

**• Cocktail Rio**
1/2 verre de jus d'orange
1/2 verre de limonade
1 cuil. à soupe de sirop de grenadine
3 rondelles de citron vert
Mettez tous les ingrédients dans un verre et servez avec une cuillère pour mélanger.

**• Smoothie « pleine forme »**
1 pomme Granny Smith
1/2 concombre
1 morceau de céleri branche
1 kiwi
1 ou 2 cuil. à café de sucre muscovado
Mettez tous les ingrédients dans un blender et mixez jusqu'à obtenir une consistance agréable. Vous pouvez ajouter de l'eau si nécessaire.

## Allaitement exclusif et temps de travail

Pour permettre de débuter et maintenir un allaitement exclusif de six mois, l'OMS et l'Unicef recommandent aux mères de :

- commencer l'allaitement dans la première heure qui suit la naissance ;
- s'en tenir à l'allaitement exclusif au sein – c'est-à-dire que le nourrisson ne doit absorber que du lait maternel et aucune autre nourriture, pas même de l'eau ;
- limiter l'utilisation de biberons ou de tétines.

De nombreuses mères souhaiteraient un allaitement exclusif de six mois, voire plus comme le recommande l'OMS, mais le congé postnatal ne le permet pas vraiment : pour une naissance unique, 10 semaines sont accordées après la naissance et 22 semaines pour des jumeaux.

**Renseignez-vous auprès de votre entreprise. Certaines conventions collectives prévoient un avantage aux salariées qui allaitent, tel un allongement du congé postnatal.**

Même si ce droit est peu exercé en pratique, le Code du travail (article L. 1225-30) permet à la mère d'un nouveau-né d'allaiter son enfant pendant ses heures de travail. Son temps de travail peut ainsi être réduit d'une heure par jour (30 minutes le matin et 30 minutes le soir). C'est déjà ça !

## La contraception et la prise de médicaments pendant l'allaitement

L'allaitement favorise la sécrétion de prolactine, l'hormone qui inhibe l'ovulation.

Selon un comité d'experts de l'OMS, pour bénéficier d'un effet contraceptif de l'allaitement (à 98 %), les conditions à suivre sont drastiques :

- un allaitement strictement exclusif ;
- pas d'intervalle de plus de six heures entre deux tétées ;
- au moins six longues tétées ou dix petites par 24 heures ;
- le retour de couches n'a pas encore eu lieu.

De nos jours, **les équipes médicales prescrivent quasi systématiquement une pilule contraceptive à la sortie de la maternité ou à la première consultation gynécologique postnatale, vers six semaines**, car l'allaitement – surtout si les recommandations ci-dessus ne sont pas suivies strictement – n'empêche pas complètement de tomber enceinte.

Par ailleurs, si, durant votre allaitement, vous devez consulter un médecin, pensez à l'informer que vous allaitez. Tous les traitements ne sont pas compatibles avec un allaitement.

### Le rôle du second parent durant l'allaitement

Quel rôle le père souhaite-t-il jouer durant l'allaitement ? Il peut se sentir exclu de la relation très fusionnelle entre la mère et son enfant. Il est nécessaire d'en parler entre vous. Fort heureusement, **l'amour et la tendresse ne passent pas uniquement par l'alimentation** et de nombreux autres moments se présentent à lui pour créer un lien unique avec son bébé.
Je conseille souvent au père de s'occuper de sa femme en lui préparant de bons petits plats, en prenant sa part de tâches ménagères ou administratives, en veillant sur elle et leur enfant pour qu'ils soient tranquilles et reposés. Cette aide précieuse contribue aussi au bien-être du bébé et donne au père un rôle important.

### N'ayez pas honte, c'est la nature !

Pour clore cette partie sur l'allaitement maternel, je voudrais vous rappeler l'importance de ne pas avoir « honte » d'allaiter votre enfant, y compris à l'extérieur de la maison. La presse relate souvent des histoires de femmes qui ont subi des regards agacés, voire des remarques désobligeantes pour avoir allaité dans un lieu public. Pourtant, **la loi ne l'interdit pas – même si elle ne protège pas pour autant l'allaitement**.

## Si vous choisissez le biberon

### La déculpabilisation

Je devine souvent dans la voix des mamans ou dans leur attitude qu'elles se sentent coupables ou qu'elles ont peur d'être jugées lorsqu'elles parlent de l'alimentation au biberon de leur bébé.
**Votre décision vous appartient, qu'elle soit consécutive à un choix ou à une obligation.**

Mon seul but est de vous donner confiance en vous, en votre rôle de mère, en expérimentant et en allant à la rencontre de votre bébé, et de vous décomplexer quels que soient les choix que vous faites.
J'aimerais aussi rassurer les mères allaitantes qui recourent occasionnellement au biberon parce qu'elles sont à bout physiquement et moralement. Des dispositifs existent pour introduire un peu de lait dans l'alimentation des bébés nourris au sein (renseignez-vous auprès de professionnels de l'allaitement maternel). Et **décider de donner le biberon à certains moments, par exemple la nuit, peut sauver un allaitement** (bien évidemment, si c'est avec votre lait, c'est encore mieux). Une mère exténuée aura en effet davantage tendance à abandonner l'allaitement pour passer au biberon exclusif qu'une mère qui s'autorise à mixer biberon et allaitement.
Ces conseils n'engagent que moi. Ils sont l'aboutissement de dizaines d'années passées auprès de mamans qui ont laissé tomber leur allaitement par fatigue. J'encourage donc les mères à déculpabiliser avant tout. Je sais que vous essayez toujours de faire au mieux.

## Les préparations lactées

Les préparations lactées ont beaucoup évolué depuis leur création et satisfont les besoins nutritionnels de base des bébés. Elles contiennent des protéines, des matières grasses, du calcium, du fer, et favorisent aussi le développement normal du cerveau, des yeux et du système immunitaire des tout-petits. Le lait industriel se digère bien, quoiqu'un peu plus lentement que le lait maternel, ce qui vous donne un plus long répit entre deux repas.
**À la sortie de la maternité, le pédiatre vous prescrit un lait que vous poursuivrez à la maison.** À votre retour chez vous, si vous avez l'impression que votre bébé supporte mal le lait prescrit, le pédiatre peut le changer, mais ne le faites en aucun cas de votre propre chef.
En étant alimenté au biberon, votre bébé ne dépend plus exclusivement de vous pour être nourri, ce qui présente un avantage certain. Vous pourrez ainsi être aidée dans cette tâche, y compris pour les biberons de nuit ! Autre intérêt : le biberon permet de connaître la quantité exacte de lait bu, ce qui rassure souvent les parents anxieux… et parfois même les pédiatres.
Et rassurez-vous, **donner le biberon ne vous enlève en rien les moments de proximité et d'intimité avec votre enfant** : vous les connaîtrez tout autant que les mamans allaitantes et votre nouveau-né sentira pareillement votre amour.

D'autant que vous pourrez pratiquer le peau à peau aussi souvent que vous en aurez envie et besoin.

## Un rythme plus régulier ?

En théorie, un bébé nourri au biberon fera ses nuits, mais... ce n'est pas toujours vrai. Certains réclameront toutes les trois heures, même la nuit, quand d'autres bébés allaités feront leurs nuits très rapidement, sans réclamer. **Chaque enfant est différent. Faites-vous confiance et faites-lui confiance.** Vous allez vite comprendre si votre bébé a un peu plus soif ou faim. Souvenez-vous : vous expérimentez, vous apprenez à vous connaître.

## Stopper une montée de lait

Petite précision physiologique : votre corps peut avoir une montée de lait malgré votre décision de ne pas allaiter. Cette montée de lait est désagréable, parfois douloureuse, et elle peut durer deux ou trois jours.
Pour l'éviter, je vous conseille **le recours naturel à la consommation de certaines plantes**, comme le persil, à consommer en grande quantité, ainsi que la sauge et l'artichaut.
Vous pouvez peut-être anticiper en allant rencontrer un **homéopathe**, un phytothérapeute ou un naturopathe.
Désormais, le corps médical évite de donner des médicaments inhibiteurs de la montée laiteuse, car les effets secondaires sont désagréables : vertiges, nausées...

## Les premiers biberons

Le bébé peut recevoir son premier biberon en salle de naissance – il est alors très souvent donné par le second parent, sous les yeux attendris de la maman. Qu'il soit allaité ou nourri au biberon, dans ses premières heures de vie, le nouveau-né dormira et mangera à des heures irrégulières, en petite quantité.

## La préparation

Le mode de préparation et les règles d'hygiène ont beaucoup évolué au cours des dernières décennies. Aujourd'hui, les maternités ne stérilisent plus les biberons pour ne pas faire vivre le nourrisson dans une bulle. Il est en effet préférable qu'il soit en contact avec un certain nombre de germes non dangereux pour constituer son immunité et être plus résistant.
Concernant l'achat des biberons, vous avez le choix entre le plastique (incassable et léger) et le verre (matière naturelle qui ne garde pas les odeurs). Vient ensuite le choix de la matière de la tétine (caoutchouc ou silicone), ainsi que celui de sa forme, de sa souplesse et de son débit. Chaque marque a ses caractéristiques.

### *Au sujet des biberons en plastique...*

Le 30 juin 2010, **le Parlement français a suspendu la production et la commercialisation des biberons contenant du bisphénol A** (BPA).
Les fabricants de biberons proposent des accessoires sans bisphénol A ni phtalates. D'autres objets sont concernés : les sucettes, les anneaux de dentition et les hochets, tous susceptibles d'être portés à la bouche, ne contiennent plus de BPA.

**Puisque la stérilisation n'est plus d'actualité, trois biberons suffisent.**

- Pour les premiers repas, des biberons de 150 ml sont les plus appropriés.
- Vers 1 mois, passez aux biberons de 240 ml.
- Si vous choisissez les grands modèles dès la naissance, pensez surtout à adapter la taille des tétines. Ces biberons étant vendus avec des tétines débit 2, achetez donc une tétine débit 1 pour les nouveau-nés.

La préparation d'un biberon est simple : comptez une mesure rase de lait pour 30 ml d'eau. Mettez l'eau en premier, puis ajoutez les mesures de lait. Mélangez pour ne pas avoir de grumeaux. Petit rappel important : lavez-vous bien les mains avant.

**Faut-il chauffer le biberon ?** Dans les maternités, ils sont donnés à température ambiante. On ne recommande plus de les chauffer et vous trouverez certainement un aspect pratique à ne pas tiédir les biberons de nuit ou ceux emportés lors de vos sorties si vous ne voyez pas de différence entre un biberon tiédi ou à température ambiante chez votre bébé.

Toutefois, et même si je n'ai pas d'études scientifiques à vous fournir pour appuyer mon conseil, **je me demande si un lait tiédi ne pourrait pas diminuer les petits maux digestifs de votre bébé ou s'il n'aurait pas un effet réconfortant.** Je me base sur l'idée que, dans votre ventre, votre bébé a bu votre liquide amniotique tiède. Et nous savons tous que, par le massage du ventre et la bouillotte, on tente de réchauffer et de soulager les petites douleurs digestives de bébé. Pourquoi alors ne pas le réchauffer de l'intérieur par un lait tiédi ?

Je cite une maman qui a suivi le conseil de son ostéopathe : « Un ventre chaud est un ventre qui peine moins à digérer et à assimiler. Nos hormones sont très sensibles à la température : en dessous d'une certaine température justement, elles ne sont pas actives. Idem pour nos enzymes digestives et nos cellules immunitaires. Et il y en a dans le ventre de bébé. Or l'immunité, en hiver, c'est important. Un bébé constitue progressivement cette immunité. Donc pour ces raisons, il est utile et avantageux de chauffer l'eau du biberon. »

Si vous optez pour le lait tiédi, je vous recommande plutôt les biberons en verre. Bien évidemment, **l'utilisation du micro-ondes n'est absolument pas recommandée, car la température du lait n'est pas homogène et le bébé risque de se brûler**. Vérifiez toujours la température du lait avant de donner le biberon à boire. Pour cela, versez une ou deux gouttes de lait à l'intérieur de votre poignet : vous sentirez ainsi plus facilement s'il est bien à la température de votre corps.

Après reconstitution, un biberon se consomme dans l'heure qui suit – plus rapidement en été, quand il fait chaud.

## L'eau et le lait en poudre

L'eau de source est la mieux adaptée au nourrisson. Elle permet de ne pas fatiguer les reins de votre bébé, qui sont encore immatures. Vous pouvez alterner eau faiblement minéralisée et eau de source. **Vérifiez sur la bouteille qu'il y a bien l'inscription « convient à la préparation des biberons ».**
Si vous souhaitez utiliser l'eau du robinet, assurez-vous au préalable de la qualité de la tuyauterie de votre logement ou bien parlez-en à votre pédiatre.
Pour la marque de lait en poudre, je ne peux que vous recommander de ne pas trop anticiper, car le pédiatre vous conseillera lors de votre séjour à la maternité. Je vous conseille aussi de ne jamais en acheter en trop grande quantité, car il est parfois nécessaire d'en changer en fonction des réactions de votre bébé.

## La fréquence et les quantités

Bien évidemment, je le redis, chacun fait selon son organisation et selon son bébé. Chaque enfant a son rythme et ses propres besoins. En moyenne, un nouveau-né alimenté au biberon mange six à huit fois par jour.
À la naissance, son estomac a la taille d'une noisette (5 à 7 ml), à 6 jours, celle d'un abricot (22 à 27 ml), autour du 12$^{e}$ jour, il a la taille d'un gros œuf (60 à 80 ml).
**Il a donc besoin de manger des petites quantités régulièrement pendant ses premiers jours de vie, pour permettre à son estomac de se développer en douceur.**
Lorsque votre bébé finit tous ses biberons, cela signifie que vous pouvez augmenter la quantité de lait que vous lui donnez.

## Le nettoyage

Pour le lavage des biberons, j'utilise toujours le fameux goupillon, qui les nettoie parfaitement. Il est également indispensable de bien laver la tétine, la bague et son capuchon.
Préférez un produit vaisselle sans odeur et de préférence biologique. Vous pouvez tout aussi bien passer les biberons au lave-vaisselle : avant cela, vous rincerez les différents éléments pour ôter toute trace de lait, puis vous lancerez un cycle complet avec une température de lavage à 65 °C, puis un séchage.
**La règle essentielle est d'éviter de laisser stagner du lait dans le fond du biberon, en le nettoyant assez rapidement.** Dans mes ateliers de préparation à

l'accouchement, je recommande aux mamans l'achat d'un arbre à biberons, qui est bien plus qu'un simple gadget. Il vous permettra de laisser égoutter les biberons et de les garder bien propres.

### La logistique pour les sorties

Si vous nourrissez votre bébé au biberon, les sorties doivent être davantage préparées que lorsque vous allaitez, afin que vous puissiez profiter de ces moments sans stress. Il vous faudra prévoir suffisamment de biberons (voire en prendre un supplémentaire pour remédier aux imprévus) pour la période passée à l'extérieur.
Petite précision budgétaire : le lait maternisé est un produit relativement cher, tout comme les couches. Votre bébé en consommera une quantité importante durant les premiers mois de sa vie. C'est donc une dépense à prévoir dans le budget familial !

## L'allaitement mixte

L'allaitement mixte, c'est alterner lait maternel et lait maternisé. Ce choix peut être fait dans un souci de disponibilité, par envie de partager avec son conjoint le fait de nourrir son enfant, ou tout simplement parce que vous ne voulez pas faire un allaitement exclusif. **Ce choix est le vôtre, et vos raisons importent peu. Pour que l'allaitement mixte fonctionne dans la durée, il faut commencer par l'allaitement maternel pour stimuler la production de lait.** Ainsi, votre enfant s'habituera à la succion au sein, qui est différente de celle au biberon.
Certaines mères donnent le sein la journée et le biberon la nuit. À vous de trouver l'organisation qui vous convient.

## Faites-vous confiance, faites-lui confiance

Parfois, votre bébé pleurera. Au cours des premières semaines, le sein comme le biberon répondent aux besoins de se nourrir et de boire. Vous le mettrez donc au sein ou bien vous lui préparerez un biberon. Dans les deux cas, il se peut qu'il ne boive pas beaucoup. Tout va bien, ne vous en faites pas : peut-être

avait-il seulement soif – il est toujours difficile de différencier la faim de la soif chez un bébé.
**Les pleurs de votre bébé ne sont pas toujours en rapport avec la faim.** Le nouveau-né a un système digestif qui se met en place. Il peut donc avoir un rot coincé, des coliques ou un spasme digestif provoqué par des distensions abdominales dues à une accumulation de gaz.
Au fur et à mesure, vous arriverez à interpréter ses demandes, ses pleurs. Dites-vous que vous ne pouvez pas vraiment vous tromper, car votre décision ne le met pas en danger. La chose primordiale est de ne jamais faire attendre trop longtemps votre enfant pour lui donner le sein ou le biberon, surtout en période de fortes chaleurs.
**Veillez à vous reposer au maximum pendant toute la période d'allaitement, en vivant au rythme de votre enfant.** Quand il dort, remettez les lessives et le ménage à plus tard et profitez-en pour vous accorder une sieste bien méritée. Les trois semaines qui suivent l'accouchement sont souvent éprouvantes, avec des coups de fatigue qui peuvent compromettre l'allaitement, alors ménagez-vous !

## Pour plus de sérénité...

L'allaitement et le biberon comportent des avantages et des inconvénients. Que vous choisissiez l'un ou l'autre, ou encore l'allaitement mixte en guise de compromis, l'important est de prendre une décision avec laquelle vous vous sentez à l'aise.
N'hésitez pas à poser des questions à votre médecin. Discutez-en également avec votre conjoint, qui sera lui aussi impliqué dans l'option choisie. Soyez ouverte au changement et surtout bienveillante à votre égard !
Dans tous les cas, **prenez le temps de récupérer, car votre corps a subi de grandes transformations et des épreuves**. Entre les hormones, les aléas de la grossesse, l'accouchement et les nuits agitées, rien ne vous a été épargné. Vous allez (ou avez déjà) expérimenté les nuits difficiles pendant votre grossesse. Cela vient du fait que bébé vit et est en éveil plutôt la nuit, dès que vous êtes allongée. La journée, lorsque vous êtes active, votre bébé se pose et se laisse porter par vos mouvements. Après sa naissance, il va peu à peu inverser ce rythme, mais il lui faudra du temps avant de se caler sur le rythme jour/nuit.
**Vous ne ferez pas de lui un enfant capricieux si vous restez totalement disponible à ses côtés lors des premières semaines. Vous ne ferez que renforcer le**

**lien qui vous unit, en le comprenant de mieux en mieux.** La communication avec votre bébé sera de plus en plus immédiate, et ses pleurs de plus en plus rares.
Votre allaitement vous appartient !
Ayez confiance en vous malgré les difficultés rencontrées.
Si allaiter est votre projet, n'hésitez pas à consulter un professionnel avant l'accouchement. Tout est possible, l'important, c'est que vous, les parents et votre bébé, soyez heureux et épanouis, quel que soit votre choix.

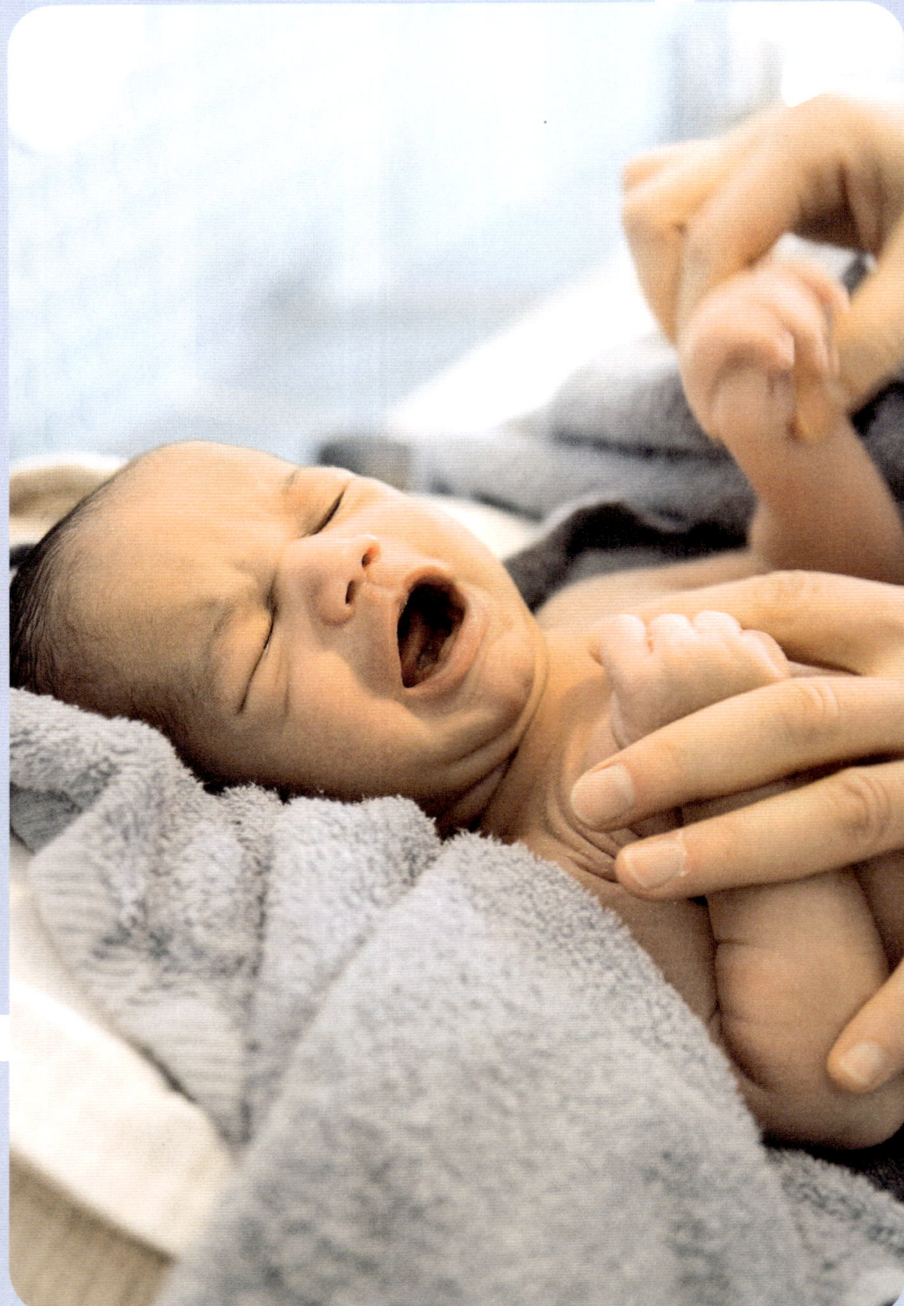

# Les pleurs...

Les pleurs sont le premier moyen de communication de votre bébé, car sa gestuelle et ses regards ne sont pas encore assez élaborés pour vous aider à déchiffrer ses besoins.

## C'est normal !

Il n'y a pas de méthode miracle pour apaiser les pleurs d'un enfant. C'est pourquoi il est inutile de chercher dans ce livre une liste de recommandations pour interpréter les pleurs. Vous entendrez toutes sortes de conseils à ce sujet ; pourtant, c'est vous qui serez la mieux placée pour reconnaître les différents types de pleurs de votre bébé. **Il n'existe aucun mode d'emploi, contrairement à ce que certaines formations semblent prétendre.** Un enfant n'est pas un objet : il ne suffit pas de suivre une explication pour qu'il soit en « parfait état de marche ».

**La pratique et l'expérience, voilà ce qui vous aidera à apaiser plus facilement les pleurs de votre enfant.** Cela peut prendre du temps et requérir différentes méthodes, mais ne doutez pas de vous, croyez en votre instinct. Comprendre l'origine des pleurs est comparable à l'apprentissage d'une nouvelle langue : il faut du temps pour en assimiler le vocabulaire et la syntaxe, pour enfin réussir à la parler parfaitement. Faites confiance à votre bon sens.

## Quelles sont les situations dans lesquelles un enfant peut pleurer ?

- Il a faim.
- Il a soif.
- Il s'ennuie.
- Il a mal au ventre.
- Il est fatigué.
- Il est allongé.
- On le change.
- Il est anxieux
- C'est l'heure du coucher.
- Il est en voiture.

# Un cri du cœur

## Le premier cri, le cri primal

L'entendez-vous encore, ce premier cri de bébé arrivant au monde ? Un papa m'a dit, en entendant son bébé : « Je n'oublierai jamais ce premier cri. »
Nous attendons tous cette première expression d'un bébé qui naît, qui respire – l'expression d'un être bien vivant. Ce premier cri nous rassure, et si jamais il n'est pas immédiat, nous sommes très inquiets.
Mais pourquoi un tel cri ?
*In utero*, le nouveau-né est protégé, lové dans un cocon chaud, douillet, aux bruits feutrés, tapi dans l'obscurité. Son oxygénation se fait grâce au sang circulant dans le cordon ombilical, *via* le placenta. Mais à la naissance, c'est un grand bouleversement qui l'attend. Il se retrouve dans un environnement froid, bruyant et lumineux. Le premier cri va permettre à ses poumons et à ses alvéoles pulmonaires de se déployer, et il respirera alors de lui-même.

### Lettre d'un nouveau-né à ses parents

« Maman, Papa,
Je ne pleure pas par caprice.
Comment vous dire autrement que j'ai faim ?
Que j'ai mal ? Que j'ai sommeil ?
N'écoutez pas ceux qui vous disent que je suis difficile.
Sans vous, je suis démuni.
Seul et vulnérable.
Écoutez bien mes pleurs : j'ai besoin d'être consolé.
J'ai besoin de vos bras,
de votre chaleur rassurante,
de vos douces paroles, de vos tendres câlins.
De toute la bienveillance dont vous saurez m'entourer.
J'ai tant d'amour aussi à vous donner.
Faites confiance à votre instinct et laissez faire le temps.
Vous ferez de moi un enfant serein et confiant. »

(Texte affiché dans une maternité d'Écosse)

L'intensité de ce premier cri dépendra de beaucoup de facteurs, tels que la manière dont s'est passé l'accouchement, l'accueil réservé au nouveau-né...
**Un nouveau-né a besoin de lenteur et de douceur** : évitons donc de lui transmettre du stress dès les premières heures de sa vie. Offrez-lui un rythme doux le temps de votre congé maternité. Le travail, les transports, la maison, les amis, les obligations... reviendront bien assez vite. Accordez-vous ce moment auquel la naissance d'un bébé vous donne droit.

## La sensibilité des nouveau-nés à la douleur

Ce sujet souvent peu abordé me tient à cœur. Un bébé s'exprime par les pleurs et utilise cette expression pour vous signifier sa faim, sa soif, sa gêne, mais il pleure aussi parfois de douleurs comme nous tous, et on a tendance à l'oublier. J'imagine bien que vous avez conscience que votre enfant ressent des sensations physiques et émotionnelles. Mais peut-être n'imaginez-vous pas à quel point, car **cette acceptation du nouveau-né comme un être sensible à la douleur est finalement assez récente**.
En 1974, le grand médecin Frédérick Leboyer a dénoncé les violences inutiles infligées aux nouveau-nés dans son ouvrage *Pour une naissance sans violence*. Ce gynécologue-obstétricien a alerté sur la douleur que ressentent les bébés à leur naissance et l'importance de prendre celle-ci en compte.
Plusieurs médecins ont suivi cette ligne de conduite, même s'ils ont longtemps été marginalisés.
Le docteur René Perelman écrivait, en 1985 : « On ne connaît pas les causes et les effets de la douleur physique chez le fœtus, mais on sait que le nouveau-né, à peine né, est sensible à la douleur, au chaud et au froid ; l'observation clinique semble même indiquer qu'il est très sensible ; il suffit de faire un BCG par scarification à un nouveau-né de 4 jours pour s'en convaincre. Il existe encore peu de mesures objectives des phénomènes douloureux chez le prématuré et le nouveau-né, mais un intérêt croissant à leur égard, un sentiment de culpabilité et le désir de les réduire chaque fois que possible. »
Jusque dans les années 1980, les jeunes enfants pouvaient être opérés sans anesthésie. Le docteur Anand a remarqué que les prématurés ayant subi une intervention pour ligature du canal artériel sans anesthésie présentaient des complications et une mortalité postopératoire plus importante. Il en a conclu que les nouveau-nés ressentaient de la douleur, mais surtout qu'ignorer celle-ci pouvait avoir de graves conséquences sur eux.

On pensait alors que les nouveau-nés n'avaient aucune conscience des traumatismes de leurs premiers instants de vie. Or des études prouvent que l'enfant mémorise les événements pénibles de sa naissance, et que la répétition d'un geste douloureux, comme une piqûre au talon, crée chez lui une zone d'hypersensibilité[7].

## Des pleurs synonymes de douleurs ?

### Les coliques, premières responsables des pleurs ?

Voilà une idée reçue qu'il me faut régulièrement combattre : les pleurs de l'enfant seraient liés à une douleur, en particulier aux coliques. Sachez que la réalité est tout autre. Par ses pleurs, l'enfant peut informer de sa douleur, tout comme vous demander d'être pris dans les bras pour être rassuré ou tout simplement câliné. Si les coliques sont bien réelles pendant les 4 à 5 premiers mois de vie de votre enfant, elles ne concernent pas tous les enfants.
**Les coliques sont des spasmes liés à une immaturité du tube digestif.** Environ 20 % des bébés sont concernés par les « vraies » coliques, et ce, trois heures par jour, trois jours par semaine, trois semaines par mois. Elles surviennent souvent après les repas et en début de soirée. Elles commencent vers la 2e semaine de vie et disparaissent entre 4 et 5 mois. **Il vous faudra dans ce cas faire preuve de calme et de patience, car les pleurs sont intenses et incessants lorsqu'il s'agit réellement de cette pathologie.** Et les traitements médicamenteux n'ont pas vraiment fait leurs preuves.
Je voudrais attirer votre attention sur ces nombreux produits vendus en pharmacie et mal utilisés. Ils ont un effet apaisant immédiat, qui nous donne l'impression d'un remède miracle à administrer dès les premiers pleurs. Leur atout est surtout d'être très riches en sucres, d'où l'apaisement quasi instantané. Ne vous y trompez pas : votre enfant n'aime pas particulièrement ces produits, mais bien le sucre qu'ils contiennent. Attention donc à ne pas rendre votre bébé accro au sucre en recourant à ces produits « miraculeux ».

7 M. Fitzgerald et coll., « Hyperalgesia in prematurate infant », *Lancet*, 1988, 8592, 292.

## Les pistes à expérimenter pour calmer ses pleurs

Certaines méthodes douces peuvent diminuer les pleurs, voire soulager les douleurs.

- **La succion** est la solution miracle pour calmer les douleurs chez le nouveau-né. Vous pouvez aussi bien lui présenter le sein que lui donner une tétine ou conduire son pouce à sa bouche – ce que l'on nomme « succion non nutritive ».
- **La chaleur** lui fait également beaucoup de bien et peut soulager ses douleurs intestinales. Vous pouvez mettre votre bébé dans un bain à 37 °C : la chaleur de l'eau l'aidera à apaiser ses maux.
- **Le massage du ventre** est aussi une solution très efficace. Avec la paume de votre main, faites des cercles dans le sens des aiguilles d'une montre, en exerçant une légère pression. Vous stimulez ainsi sa digestion et l'aidez en douceur à la supporter.
- Un autre conseil simple, mais dont il faut s'assurer qu'il soit suivi : **les rots après le biberon**. Dans l'idéal, positionnez bébé le plus verticalement possible chaque fois que vous le nourrissez. On a tendance à les allonger lorsqu'ils mangent, ce qui ne facilite pas leur digestion. Les premières semaines, privilégiez les petits biberons aux grands : ils contiennent moins d'air, ce qui évite à votre enfant d'en avaler trop et d'être gêné après son repas.
- Si votre enfant pleure depuis plusieurs minutes de manière intense, **son corps dégage de la chaleur**. Pour lui éviter ce désagrément supplémentaire, déshabillez-le.
- Les bébés apprécient en général d'être **allongés sur le ventre, sur votre avant-bras**. Dans cette position, ils sont beaucoup plus calmes en cas de pleurs.
- Essayez de mettre **une musique douce ou une berceuse**. Comme indiqué dans le chapitre consacré au bain (voir p. 75), la musique agit sur le système nerveux et peut instaurer un état de calme.
- Si bébé pleure beaucoup, vous pouvez envisager **l'homéopathie**, bien sûr en consultant un spécialiste qui saura vous guider et donner les dosages précis. Cette méthode se révèle efficace pour certains.
- Si vous allaitez, n'hésitez pas à **boire des tisanes**, notamment à la camomille. Votre enfant profitera de leurs vertus relaxantes à travers votre lait.

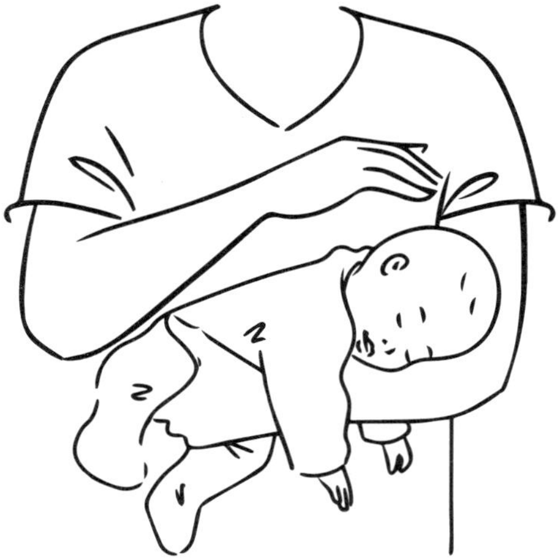

Enfin, lorsque aucune de ces solutions ne semble fonctionner, **essayez le portage ou le peau à peau**. Pour moi, ce sont LES deux solutions miracles. Que ce soit en écharpe de portage, en porte-bébé, dans les bras ou en peau à peau (voir p. 192 pour les précautions à prendre), vous verrez que vous obtiendrez des résultats incroyables.
Avec toutes ces méthodes à votre disposition, il vous est normalement plus facile de faire cesser les pleurs de votre bébé. Le plus important est d'éviter le cercle vicieux suivant : votre bébé pleure, donc il se fatigue ; comme il est fatigué, il pleure encore plus... Si votre enfant vient à s'endormir dans vos bras, il est préférable de l'y laisser que de prendre le risque de le réveiller en voulant le mettre dans son lit. S'il se repose, il pourra retrouver son rythme normal et sa sérénité.
**Observez ses comportements, son alimentation, sa température, sa digestion et n'hésitez pas à consulter votre pédiatre si votre inquiétude persiste.** Les professionnels sont là pour vous venir en aide, et il est toujours bon d'être rassurée.

# En finir avec la notion de caprices

## Mon enfant va-t-il devenir capricieux si je ne le laisse pas pleurer ?

Il n'y a que deux comportements possibles face aux pleurs :
- laisser pleurer bébé ;
- ne pas laisser pleurer bébé.

Ma propre expérience de parent me pousse à dire qu'il existe du pour et du contre à ces deux manières de faire. Je constate que la plupart des mamans ne supportent pas de laisser pleurer leur enfant. Leur ressenti, leur intuition font qu'elles préfèrent le prendre dans les bras et le bercer. Si laisser un enfant qui commence tout juste à pleurer est acceptable – l'enfant peut se calmer de lui-même… –, je ne vois aucun intérêt à le laisser pleurer – voire hurler – plus que nécessaire, simplement par peur qu'il « devienne capricieux ».

## Mais qu'est-ce qu'un caprice, d'ailleurs ?

Selon le dictionnaire Larousse, un caprice est la « volonté soudaine, irréfléchie et changeante de quelqu'un ». Ce genre de comportement n'existe pas chez un nouveau-né. Ses pleurs sont l'expression d'une gêne, d'un besoin. La plupart du temps d'ailleurs, prendre bébé dans les bras suffit à le calmer. N'oubliez pas que votre enfant a vécu dans un cocon pendant neuf mois. Cela peut être déstabilisant pour lui de ne plus avoir de frontière palpable autour de lui. Un enfant qui s'arrête de pleurer lorsqu'il est pris dans les bras est un bébé écouté et en confiance.

**L'âge des caprices n'arrive *a priori* pas avant 3 ans.** D'ailleurs, nous parlons de « caprice » alors qu'il s'agit souvent de « frustration ». Le cerveau d'un bébé n'est pas suffisamment développé pour « faire un caprice ». Il exprime simplement un besoin physique ou émotionnel. Ne pas répondre à sa demande serait dommageable pour lui. Au contraire, votre présence et votre réconfort établissent une relation de confiance entre vous.

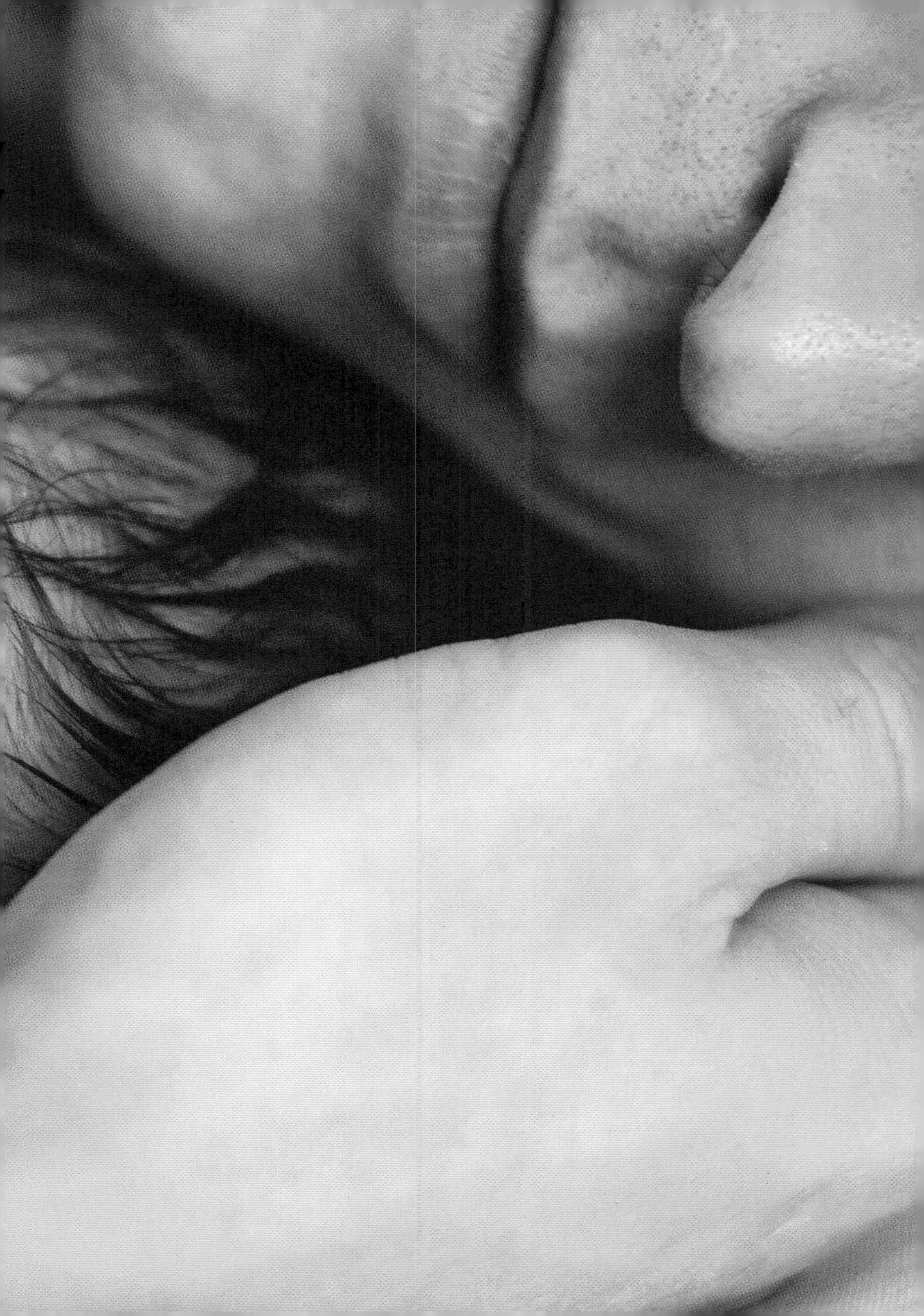

# Les avancées des neurosciences sur les conséquences du « laisser pleurer »

De plus en plus d'études concluent qu'un enfant qu'on laisse pleurer peut développer un manque de confiance en lui, mais aussi d'autres pathologies neurologiques. **Lorsque les appels d'un nourrisson sont ignorés, son corps est inondé d'hormones de stress.** Sur la durée, cela peut endommager son système nerveux central. Sa croissance et son potentiel d'apprentissage peuvent également s'en ressentir. Ne pas répondre à sa demande serait donc préjudiciable pour lui : il a besoin de vous pour que la relation de confiance s'installe. Qu'inscrira dans son cerveau un bébé qu'on laisse pleurer ? « J'ai besoin de mes parents et ils ne répondent pas, je ne peux donc pas leur faire confiance. » Se développeront en lui des angoisses, des peurs, un manque de sécurité et de confiance en soi qui pourront se retrouver en lui à l'âge adulte. Son développement cérébral en sera affecté et il ne saura pas réguler son stress. Il en résulte fréquemment des problèmes affectifs, loin d'être les seules conséquences. Des troubles du sommeil, de l'anxiété, des dépendances et des symptômes dépressifs sont également susceptibles d'apparaître.

## La parole des spécialistes

Dès 1948, le psychiatre américain René Spitz a démontré qu'en l'absence de contacts maternant pendant six mois dans le cadre d'une hospitalisation, un enfant de moins d'1 an et demi développe des carences affectives telles que des troubles psychiques et des altérations physiques progressives susceptibles d'entraîner un arrêt du développement, voire la mort[8]. Une étude néo-zélandaise de 2012[9] a conclu que laisser pleurer des bébés augmente leur taux de cortisol (l'hormone du stress). Le premier jour de l'expérimentation, la plupart des bébés inconsolés ont pleuré plus de vingt minutes et leur taux de cortisol a augmenté. Le troisième jour, les bébés ont cessé de pleurer, mais leur taux de cortisol est resté élevé, ce qui démontre qu'ils étaient toujours stressés, mais avaient renoncé à le manifester. Dans une interview accordée en 2018 au quotidien allemand *Süddeutsche Zeitung*, Karl Heinz Brisch, chef du dépar-

8 René Spitz, « La perte de la mère par le nourrisson », *Enfance*, n° 5, 1948, p. 373-391.
9 S. Matthey et R. Črnčec, « Comparison of two strategies to improve infant sleep problems, and associated impacts on maternal experience, mood and infant emotional health: A single case replication design study », *Early Human Development*, vol. 88, n° 6, 2012, p. 437-442.

tement de médecine pédiatrique à l'hôpital pour enfants de l'université de Munich, affirmait que les bébés que les parents laissent pleurer « apprennent très tôt à mettre en œuvre un plan d'urgence cérébral, très comparable au réflexe de thanatose observé chez les animaux dont la vie est menacée, et qui consiste à simuler la mort ». **Le stress intense de ces bébés ne saurait être bénéfique du point de vue de leur développement intellectuel et affectif.**

### Les bienfaits du câlin

De nombreuses études ont montré l'importance des câlins sur le développement des bébés. En 1974, les travaux de la psychologue américaine Mary Ainsworth concluaient déjà que les bébés consolés rapidement par leur maman développaient d'autres moyens que les pleurs pour se faire comprendre. Des études récentes ont également démontré que **les câlins stimulent chez les bébés la sécrétion de deux hormones : l'ocytocine (l'hormone de l'attachement qui réduit la production de cortisol) et l'hormone de croissance.** Ils favorisent les capacités intellectuelles et affectives du bébé. Il est donc indispensable de câliner son bébé. Évidemment, cela ne fera pas de vous de mauvais parents si vous laissez un peu pleurer votre enfant. Encore une fois, seul compte votre ressenti et ce qui vous semble le mieux pour vous et lui.

## Les pleurs « spécifiques » du soir

### Des pleurs inexplicables et inconsolables

Il est entre 18 et 20 heures, parfois plus. Vous avez vérifié la couche, proposé à manger, câliné votre petit. Vous avez revérifié la couche, reproposé à manger, recâliné. Mais rien à faire, ses pleurs ne s'arrêtent pas ; ils peuvent même redoubler d'intensité. Certains soirs, ou parfois presque tous les soirs à la même heure, entre chien et loup, le tout-petit pleure à fendre l'âme, longtemps et fort… Difficile même de s'entendre, tant la puissance du cri de ce petit être remplit tout l'espace de ses décibels ; et à la fin de la journée, bébé, papa, maman et les frères et sœurs sont tous plus fatigués. L'aide est moins évidente à obtenir, on peut se sentir plus seule. Lorsque j'étais jeune maman, je me revois encore perdue face aux pleurs de ma fille. J'ai vraiment pleuré avec elle, totalement démunie face à ses pleurs du soir. Seul l'épuisement finissait par l'arrêter.

## Quand les pleurs tant redoutés surviennent...

- Certains essaient de garder leur bébé éveillé le jour pour qu'il dorme mieux la nuit. Malheureusement, il est difficile de raisonner ainsi avec un bébé. **Il faut le laisser dormir quand il en a envie** ; ses besoins sont immédiats. À vouloir le garder éveillé à tout prix, il va emmagasiner une excitation et une fatigue qui ne l'aideront pas à trouver le sommeil le soir.
- D'autres évoquent **l'angoisse du soir** qui tombe, à l'heure de toutes les peurs.
- D'autres encore mettent tout sur le dos des **coliques**.

Je pense qu'il y a un mélange de tout ça : votre enfant doit, tout au long de la journée, faire face au bruit ambiant, aux personnes qui le portent et le reposent, et il est attentif à ce qui l'entoure. Il est donc normal pour lui de se décharger de toute cette accumulation, et les pleurs sont son unique moyen de décompresser. Aucune explication scientifique n'éclaire ce comportement, mais d'après de nombreuses études, il s'agit du moment où l'enfant a besoin de relâcher ses émotions et ses ressentis. Dans cette situation, les parents en viennent souvent à être dépassés, car soulager ou calmer son enfant devient difficile.

**S'ils sont désarmants, les pleurs du soir ne sont pas systématiques : votre enfant peut pleurer un jour mais être calme le lendemain.** Dans la mesure du possible, n'appréhendez donc pas les pleurs du soir et gardez à l'esprit qu'ils sont aléatoires, de durée et d'intensité toujours différentes. Et dites-vous bien que, pour être opérationnelle le soir, vous devez être reposée, donc profitez de tous les moments libres qui se présentent à vous pour vous relaxer.

## Que faire ?

**Quand arrivent les pleurs du soir, faites en premier lieu les vérifications suivantes :**

- votre enfant n'a-t-il pas trop chaud ?
- sa couche est-elle propre ?
- a-t-il bien mangé et bu ?
- a-t-il mal quelque part ?

**Et s'il continue de pleurer :**

- retirez-vous dans un endroit calme avec une lumière douce ;
- placez sa tête dans le creux de votre cou – cet endroit est chaud et porte votre odeur ;
- laissez-le ainsi, il devrait peu à peu retrouver son calme ;
- vous pouvez aussi tenter le portage en écharpe, qui fonctionne plutôt bien.

# Et si rien ne « marche » pour calmer ses pleurs ?

### Parlez-lui, il vous écoute

Dites-lui que vous ne comprenez pas ses pleurs, que vous avez tout essayé pour tenter de l'apaiser. Un bébé est comme une « éponge ». Il absorbe toutes les émotions : le bonheur comme la tristesse, la joie comme la peine, la détente comme le stress... Ses sens lui permettent de ressentir ce que vous lui transmettez.
J'ai toujours parlé à mes enfants lorsqu'ils étaient nouveau-nés, et je l'expérimente dans mes bains : les bébés comprennent le sens des mots, sans doute grâce au regard et à l'intonation de la voix.

## Quelques conseils pour éviter de craquer

- Si les pleurs ne cessent pas et que votre patience s'épuise de plus en plus, **passez le relais à une amie ou à un membre de la famille**.
- Si vous êtes seule, **posez votre bébé dans son lit et isolez-vous un instant**. L'accumulation des nuits difficiles, la fatigue, les douleurs, l'isolement mettent vos nerfs à vif.
- **Appelez quelqu'un, demandez de l'aide ou consultez votre médecin.** Vous trouverez toujours une oreille attentive pour vous soutenir.

Vous pouvez aussi contacter **l'association Enfance et Partage** qui propose un numéro vert gratuit et anonyme : Allo Parents Bébé[10]. Il permet de rassurer les mamans et les papas face au bouleversement que représente l'arrivée d'un bébé. Il peut aussi prévenir le risque du syndrome du bébé secoué. Il est absolument nécessaire de se reprendre avant d'en arriver à cette extrémité qui ne pourra qu'aggraver la situation dans laquelle se trouve votre enfant.

### Demandez de l'aide

Si, malgré tout, votre bébé ne se calme pas et pleure sans cesse, ne restez pas seule. Je vous suggère vivement de faire appel à une aide extérieure, une personne qui peut prendre le relais dans ces moments les plus chargés, à la fin de la journée, entre 17 et 20 heures. **Il est important de savoir demander de l'aide dans les premiers mois, ce qui peut éviter aux parents de craquer.** Votre famille, vos amis, votre pédiatre ou les centres de protection

10 Vous pouvez contacter le numéro vert de l'association Enfance et Partage tous les jours de 10 à 13 heures et de 14 à 18 heures au 0 800 00 34 56.

maternelle et infantile vous seront toujours d'une aide précieuse. Vous y trouverez des psychologues, des pédiatres et des puéricultrices qui vous écouteront et vous donneront des conseils pour vous rassurer ou vous orienter. Près de 1300 centres PMI sont répartis en France – cherchez d'ores et déjà le plus proche de chez vous[11]. Être isolée, ne pas parler risque de vous entraîner dans une dépression. Ne pensez pas que votre bébé est le seul à pleurer comme ça, que vous ne savez pas vous en occuper ou que tout se passe mieux pour les autres. Au contraire, vous en savez plus que tout le monde sur votre enfant, vous vous en rendrez compte au fil du temps.

## Le drame du « bébé secoué »

Aussi appelée « syndrome d'impact des secousses », cette maltraitance a des conséquences neurologiques dramatiques, car lorsque l'enfant vient à être secoué – par des parents ou des baby-sitters excédés ou fatigués par les pleurs –, son cerveau s'écrase contre la boîte crânienne, provoquant des hémorragies, des lésions importantes aux tissus et un gonflement du cerveau. **Ces gestes sont loin d'être anodins et peuvent entraîner la mort de l'enfant.** La gravité de la blessure dépend de la force exercée sur l'enfant et de sa taille. Les témoignages ou les vidéos postés sur les bébés secoués me touchent profondément. Cela n'arrive pas qu'aux autres. Même les parents les plus aimants, armés des meilleures intentions, peuvent craquer. Ne vous jugez pas, personne n'est infaillible. Faites de votre mieux.

Quelle que soit la situation, votre bébé doit toujours être soulevé en douceur, avec les fesses et la tête soutenues.

11 http://allopmi.fr/votre-pmi.html

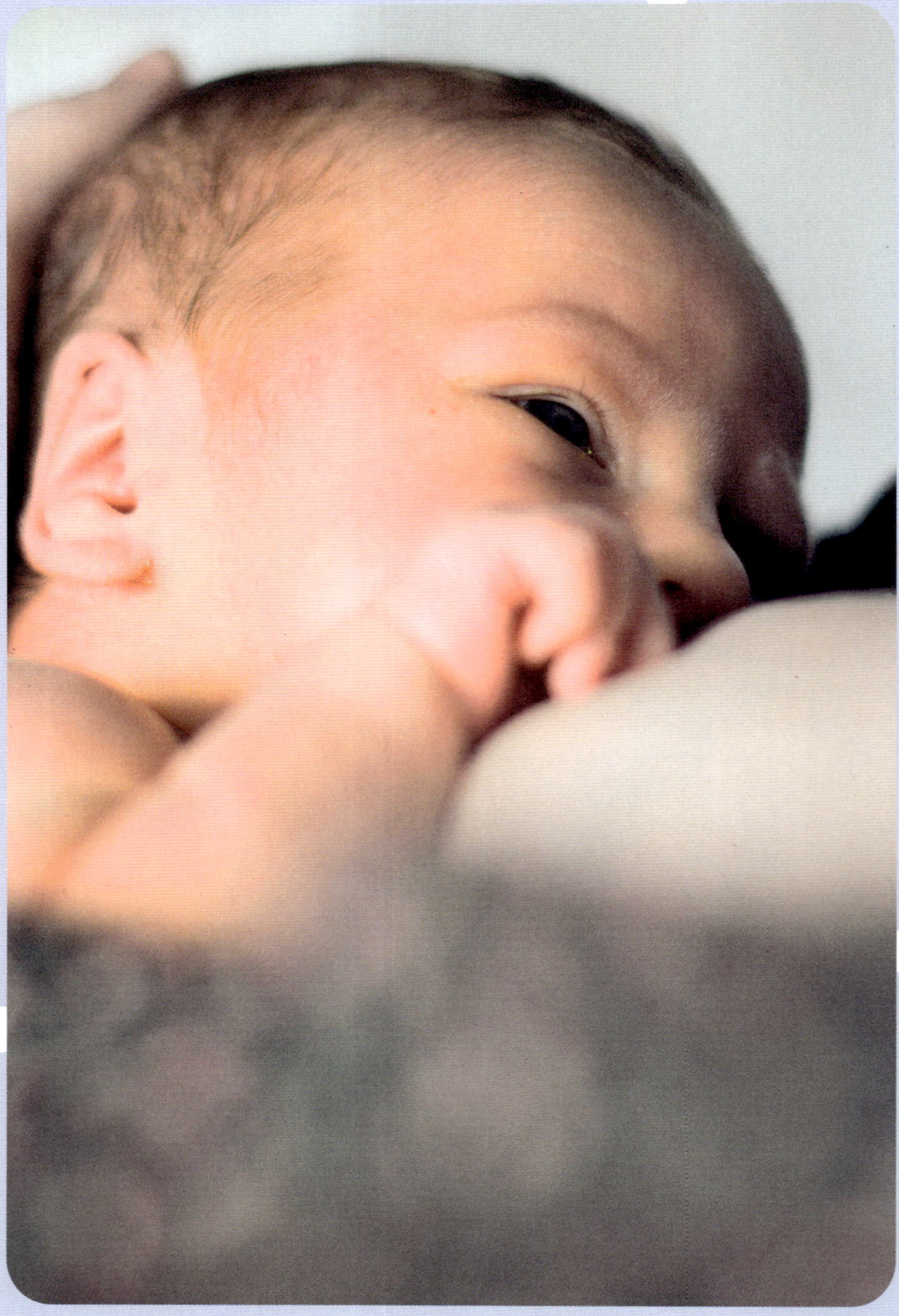

# La communication avec bébé

Un enfant est capable de communiquer avec ses parents dès sa naissance, et même bien avant ! *In utero*, le fœtus établit déjà un lien avec eux.

## Dans votre ventre, bébé vous entend

Marie-Claire Busnel, chercheuse au laboratoire de psychologie du développement de l'enfant de l'université Paris-Descartes, affirme que « les stimulations perçues au cours de la vie intra-utérine participent au modelage structurel et fonctionnel du système nerveux. Un système trop ou trop peu stimulé peut être perturbé ou inhibé dans son développement ». L'IRM fœtale (imagerie par résonance magnétique) montre que le cerveau du fœtus s'active différemment lorsque la maman chante, parle ou est silencieuse.

Ces études nous montrent à quel point communiquer avec son bébé *in utero* contribue déjà à créer cet extraordinaire lien d'attachement et de sécurité. Alors **ne vous bridez pas : parlez à votre bébé, pensez à lui, il perçoit vos messages d'amour**. N'attendez pas sa naissance pour entrer en contact avec lui et lui faire écouter vos voix, les sons que vous aimez, le palper de vos mains et le caresser. Votre enfant sera sensible aux émotions que vous éprouvez.

Il se peut également que, durant votre grossesse, vous subissiez des chocs, des émotions difficiles, un deuil, une rupture. Surtout, expliquez à votre bébé vos émotions et ce que vous ressentez, dites-lui que ce sont les vôtres et non les siennes. Vous le sécuriserez. Et si, parfois, vous avez du mal à trouver les mots pour communiquer avec votre enfant parce que vous vous sentez peut-être « ridicule », ne soyez pas inquiète : lui accorder des moments en pleine conscience (respiration calme, sophrologie, méditation…) est déjà une démarche essentielle et créatrice de liens. **Votre bébé ressent votre détente, votre disponibilité et votre contact intérieur.** Les choses évolueront dès que vous le sentirez bouger et que votre ventre s'arrondira.

# Les acquisitions de bébé pendant la grossesse

## L'ouïe

À partir du cinquième mois de grossesse, bébé entend les sons qui l'entourent : les battements de votre cœur et tous vos bruits intérieurs, ainsi que des sons extérieurs.
**Il flotte dans un bain sonore** (voix, paroles, musiques et tous les bruits ambiants). Il perçoit les vibrations des sons qui passent au travers de votre ventre et de la poche amniotique : elles agissent comme un léger massage.
Bébé est particulièrement sensible aux sons de la voix de sa maman bien sûr, mais surtout aux intonations graves de son papa. Faites-en l'expérience.
N'hésitez pas à demander à la fratrie de parler au bébé, car la mémoire auditive fœtale instaure des repères qui perdureront après la naissance.
Ainsi une musique entendue régulièrement pendant sa vie intra-utérine sera par la suite familière, sécurisante et apaisante pour votre enfant. Pourquoi même ne pas lire à voix haute ?

## Le goût

C'est vers quatre mois de grossesse que votre bébé commence à déglutir. À partir du troisième trimestre, il est capable de différencier les goûts de ce que vous mangez et **découvre les différentes saveurs contenues dans le liquide amniotique**.
D'ailleurs, le colostrum a le même goût que le liquide amniotique, ce qui le rassure si vous lui donnez une première tétée dite « d'accueil » (voir p. 101).
De la même façon, le goût du lait maternel variera en fonction de ce que vous mangerez.
Une consommation ponctuelle d'alcool peut suffire à provoquer des dégâts si elle a lieu au moment précis où un organe se construit. Lorsque vous consommez une boisson alcoolisée, l'alcool passe de votre sang à celui de votre bébé par l'intermédiaire du placenta. Or son foie n'est pas encore assez développé pour pouvoir l'éliminer correctement.

## L'odorat

Il est l'un des premiers sens à se développer *in utero*, puisque les neurones olfactifs apparaissent vers la 5e semaine de grossesse. Le sens de l'odorat étant lié à celui du goût, le fœtus va pouvoir sentir, puis goûter le liquide amniotique.
À sa naissance, **l'odeur de l'aréole et du colostrum le guideront jusqu'au sein de sa mère**.
Des expériences menées sur des nouveau-nés ont prouvé l'existence de compétences fœtales de mémorisation olfactive. Il a été démontré qu'à 3 jours, un bébé s'oriente préférentiellement vers l'odeur de liquide amniotique par rapport à une odeur témoin (Schaal, 1995, 1998).

## Le toucher

Le sens du toucher est l'un des premiers sens à se développer chez le fœtus, aux alentours du 5e mois. Mais dès la 7e semaine de grossesse, les récepteurs de la peau commencent à apparaître : il peut ainsi ressentir le liquide amniotique.
Dans cette perspective, **l'haptonomie permet un contact tactile respectueux et tendre, et le point fort de cette méthode est que votre conjoint y participe pleinement**. Un lien à trois va s'installer. L'enfant est sensible aux sensations que vous lui transmettez à travers la paroi utérine et y répond positivement.
Parfois, le papa a un peu de mal à entrer en contact avec le bébé, à réaliser qu'il tiendra son enfant dans ses bras dans quelques mois. L'haptonomie lui permet une meilleure prise de conscience de l'existence de ce petit être en développement.
Les séances d'haptonomie commencent très tôt dans la grossesse (dès le deuxième mois) et se poursuivent jusqu'à la naissance.
Il est conseillé de débuter par une séance par mois, qui sera supervisée par une sage-femme pour vous indiquer les bons gestes. Accompagnez toujours vos gestes de paroles : ainsi, l'enfant enregistrera votre voix.

## La vue

Le système oculaire apparaît à partir du 18e jour de la conception, au même moment que l'ébauche du cerveau. Mais la vue est le dernier sens à se développer.

Le nerf optique du bébé se développe du deuxième mois de grossesse au septième mois, puis il commence à battre des paupières. Bien que la vue ne semble pas être le sens le plus important *in utero*, **un bébé réagit tout de même à une lumière dirigée vers le ventre de sa mère.** Pour le développer lors de la grossesse, je vous conseille une alimentation riche en oméga-3 (poissons de petite taille, huile de colza, de lin, noix...), qui contribue à un bon développement du cerveau et de la vision.
Ce sens est particulièrement surveillé à la naissance, au même titre que l'audition.
L'acuité visuelle se développe ainsi après la naissance :

- 1/20e chez le nouveau-né ;
- 4/10e à 1 an ;
- 10/10e vers 4 ans.

Arlette Streri, auteure de *Ce nouveau-né qui est en nous, ses perceptions, ses actions, ses intuitions* (Éditions Hermann, 2017), a mené des études sur les capacités de perception des mouvements, de langage et de compréhension du nouveau-né au monde qui l'entoure.
« Certaines acquisitions commencées dès le stade fœtal vont se poursuivre après la naissance. Il existe ainsi une continuité transnatale incontestable. Le nouveau-né n'est pas une page blanche puisqu'il est déjà imprégné *in utero* de stimulations sensorielles multiples lui parvenant de l'extérieur. Mais il lui manque un sens fondamental : celui de voir la lumière du jour, les objets, les visages et l'environnement externe. Oui, le nouveau-né voit dès la naissance. Son acuité visuelle se développera au fur et à mesure, mais il n'en demeure pas moins capable d'appréhender le monde environnant par la vision, comme en témoigne son attrait particulier pour les visages humains. »

# La communication à l'aube de la vie

Votre bébé pointe le bout de son nez et c'est LA rencontre tant attendue. Vous et lui allez enfin pouvoir communiquer par des gestes, corps à corps, des regards et des mots. Prenez le temps de vous respirer, de vous regarder. Posez-vous, atterrissez ensemble. Et dans les semaines et les mois qui suivent la naissance, replongez-vous parfois dans les sensations de cette merveilleuse aventure qu'est l'arrivée de bébé.

Bien qu'il n'ait pas encore connaissance du langage (verbal), il exprime ses besoins avec son regard, ses gestes et ses attitudes ; chaque jour, vous cernez un peu plus sa personnalité. Votre enfant, quant à lui, vous connaît par les battements de votre cœur, votre respiration, votre voix. **Maintenant que vous vous rencontrez, vous pouvez enfin vous sentir, vous toucher, pratiquer le peau à peau. Lorsque vous l'allaitez, il retrouve à travers le colostrum le goût et l'odeur du liquide amniotique, ce qui le rassure et l'apaise** (voir encadré p. 102).

Ces échanges entre parents et enfant sont essentiels pour la construction d'une relation saine. Communiquer, c'est prendre le temps, rassurer, écouter, respecter et répondre aux besoins de votre enfant. Avant même de pouvoir parler, bébé exprime ses émotions par l'intermédiaire de son corps et de ses gestes. Et surtout, rassurez-vous : les pleurs ne sont pas obligatoirement le signe que votre bébé n'est pas épanoui. Autrement dit, un bébé heureux, ce n'est pas forcément un bébé qui ne pleure pas ! Au contraire, en pleurant, il exprime un besoin naturel et sain de communiquer avec le monde qui l'entoure.

## Au-delà du lien d'attachement, pourquoi communiquer avec son bébé ?

Les nouveau-nés comprennent les émotions, les intentions ; ils peuvent ressentir vos doutes, vos sensations, votre joie, votre peine, dès la grossesse. Pour vous en convaincre, je vais vous raconter une anecdote.

À la maternité où je travaillais, une pédiatre s'inquiétait pour un bébé qui n'avait pas mangé depuis trois jours. Il refusait de s'alimenter, et la mère semblait comme paralysée. Pour aider l'enfant et la mère, il a suffi que la pédiatre demande à cette dernière de raconter son accouchement. La mère s'est mise à pleurer, submergée par l'émotion. Elle a parlé de son parcours difficile, de ses peurs avant la naissance – elle s'est livrée pleinement. Son enfant était dans ses bras et a entendu toute l'histoire liée à sa naissance.

Une heure plus tard, il tétait goulûment son biberon. Grâce à ses mots et à ses peurs, la mère a pu se libérer de ses blocages, raconter son histoire et finalement communiquer avec son enfant.
**Parler à son enfant est une preuve de considération et d'accueil. Laissez-vous aller sans vous juger, expérimentez les différents modes de communication en fonction de votre caractère.** J'encourage vraiment les parents qui ont vécu des histoires difficiles à expliquer à leur bébé ce qu'il s'est passé.
Vous retrouverez dans le chapitre sur mes bains quelques anecdotes marquantes sur leur pouvoir de communication (voir p. 95). Il m'est arrivé de voir une transformation radicale du nouveau-né suite au lâcher-prise des parents sur leur vécu au moment de l'accouchement ou lors de la grossesse.

## Communiquer avec son enfant accélère son développement cérébral

À la naissance, le développement des organes du bébé est quasiment terminé, ce qui n'est pas le cas de celui du cerveau. Ce dernier continue à évoluer durant plusieurs années. Son poids moyen passe d'environ 400 g à la naissance à 1000 g à 1 an, et 1100 g à 2 ans (soit 80 % du poids du cerveau adulte). La progression la plus spectaculaire a lieu à partir du 3e trimestre de la grossesse jusqu'à la fin de la première année de vie. Mais rien de tout cela ne serait possible sans contact social et affectif.
À l'état de fœtus, puis jusqu'à l'âge de 3 ans, c'est l'hémisphère droit du cerveau (siège des aspects non verbaux de la communication, de l'intuition, de l'empathie, de la créativité et du sens de soi émotionnel et corporel) qui prédomine. On assistera au développement de l'hémisphère gauche (verbal et conceptuel) plutôt à partir des 3 ans de l'enfant.
Les chercheurs en neurosciences s'accordent à dire que la maturation de l'hémisphère droit s'effectue en fonction de l'environnement social des 2 premières années de la vie, et en particulier du lien mère-enfant. C'est là que se construisent les fondements de l'adaptation sociale, les mécanismes de gestion du stress et de contrôle des émotions. « Le cerveau est littéralement sculpté par les expériences de communication et par les émotions ressenties durant la petite enfance[12]. »

---

12 G. Jeliu et D. Cousineau, « Le cerveau et l'amour maternel », n° 40, *Prisme*, 2003, p. 118-125. Pour de plus amples précisions, je vous invite à consulter l'article de Claudette Nantel, psychothérapeute, spécialiste en psychologie pré et périnatale, « L'amour maternel et la construction du cerveau du bébé », paru sur le site Mamankangourou.com.

## La communication verbale

Le bébé est un être à part entière, capable de communiquer et ayant un besoin vital de contact et de stimulation. Grâce à ces échanges, aussi bien visuels que verbaux, il va progresser, effectuer les différents apprentissages de sa vie de nouveau-né, mémoriser et peu à peu comprendre les mots, les intentions. **Prendre le temps d'expliquer à son bébé chacune de ses actions, c'est établir avec lui un lien de confiance et de communication qui ne fera que grandir, pour que l'enfant devienne un adulte structuré, attentif et confiant.**
Bien que cela fasse des années maintenant que je propose aux mères d'expérimenter la communication verbale avec leur nouveau-né, je reste toujours agréablement surprise des résultats : la communication verbale entre une mère et son enfant permet parfois de débloquer des situations de manière radicale, par exemple lorsque le bébé ne cesse de pleurer, qu'il soit ou non dans les bras.

### *Les mots pour lui parler*

Comment faire si je ne trouve pas toujours les mots pour parler à mon bébé ?
**Ne vous culpabilisez pas si la communication n'est pas immédiate, elle viendra, ne forcez rien.** Expérimentez les différents modes d'expression existants pour trouver celui ou ceux qui vous conviennent le mieux : gestes, regards, caresses ; la parole pourra venir par la suite. Parlez, racontez, chantez, utilisez le mode de communication qui vous est le plus familier. Choisissez vos mots pour être au plus près de votre vérité. Vous tisserez ensemble votre propre langage.

Lors des soins, que ce soit un bain ou un changement de couche, j'assiste très souvent à des pleurs très intenses. J'explique aux parents qu'il n'y a aucun impératif à terminer ce qu'ils sont en train de faire. La seule urgence ici est de prendre bébé dans les bras, de le rassurer, de lui expliquer ce que l'on est en train de faire, de le bercer un peu. Vous serez surprise de voir que vous pourrez reprendre le soin sans pleurs.

Beaucoup pensent que parler à un bébé est inutile, car il ne comprend pas ce que l'on dit. Si les mots lui sont inconnus, il ressent néanmoins votre intonation et votre volonté de le rassurer. Tentez cette expérience, et vous verrez que votre enfant se calmera. Il est indispensable de prendre le temps de tout essayer, puis de lui expliquer la situation, votre découragement, vos envies. Ne pensez pas que vous faites porter à votre bébé le fardeau de vos émotions ou de votre stress en les verbalisant devant lui. Communiquer avec lui et lui consacrer du temps, c'est aussi prendre conscience de ses peurs et apprendre à le rassurer en lui faisant partager votre vie et en étant ensemble.

## Le sourire et le rire

Dès les premières semaines de vie de leur bébé, les parents constatent en général avec émotion qu'il sourit quand il est endormi. On dit qu'il « sourit aux anges » : ce petit sourire fugace n'est pas un comportement intentionnel, mais un réflexe inné qui exprime un bien-être physique.
Pendant ses phases d'éveil, **le sourire de votre enfant va revenir de plus en plus souvent** et vous allez à chaque fois y répondre par un sourire tout aussi grand… Cet échange prendra rapidement sens pour votre enfant. Il va se rendre compte que le fait d'imprimer à ses lèvres ce petit mouvement vous procure de la joie, des émotions et une tension, ce qu'il adore ! C'est comme cela que naît la fonction sociale du sourire – le « sourire social », c'est lorsque votre bébé (aux alentours de 2 mois) répond volontairement à votre sourire.
**Les premiers éclats de rire apparaîtront entre ses 4 et 8 mois**, et le « rire social » viendra vers 10-12 mois.

# Les types de communication avec bébé

Voici les façons de communiquer que vous pouvez mettre en place avec votre bébé dans les semaines et les mois qui suivent sa naissance :

- **Utilisez toujours un langage approprié pour votre enfant** – les enfants apprennent mieux quand le message est spécifiquement adapté à leur âge de développement : pour cela, rien de mieux qu'un langage simple, des chansons et des comptines, afin de rendre le contenu et l'apprentissage aussi attractifs et amusants que possible. On peut parler à un nouveau-né comme à un adulte, en utilisant des mots de tous les jours.
- **Encouragez l'interaction** et les jeux avec des enfants de son âge.
- **Il est intéressant de commencer à pratiquer le langage des signes avec votre enfant dès 6-7 mois.** La langue des signes[13] permet à l'enfant de s'exprimer au quotidien, avant même d'avoir acquis le langage oral, par exemple pour demander à boire, à manger, à dormir, son doudou, ou encore signaler son inconfort. Grâce à cela, l'enfant sait exprimer ses besoins, et les pleurs deviennent alors moins fréquents. Sachez qu'il vous faudra répéter des dizaines et des dizaines de fois un signe avant que votre enfant l'intègre et le reproduise à son tour. Il est important de toujours accompagner le signe du mot dit à haute voix – le signe ne sert que de support au langage oral et ne retardera en rien son acquisition.

13 Vous pouvez utiliser des signes adaptés pour les enfants ou bien vous inspirer du langage des signes français.

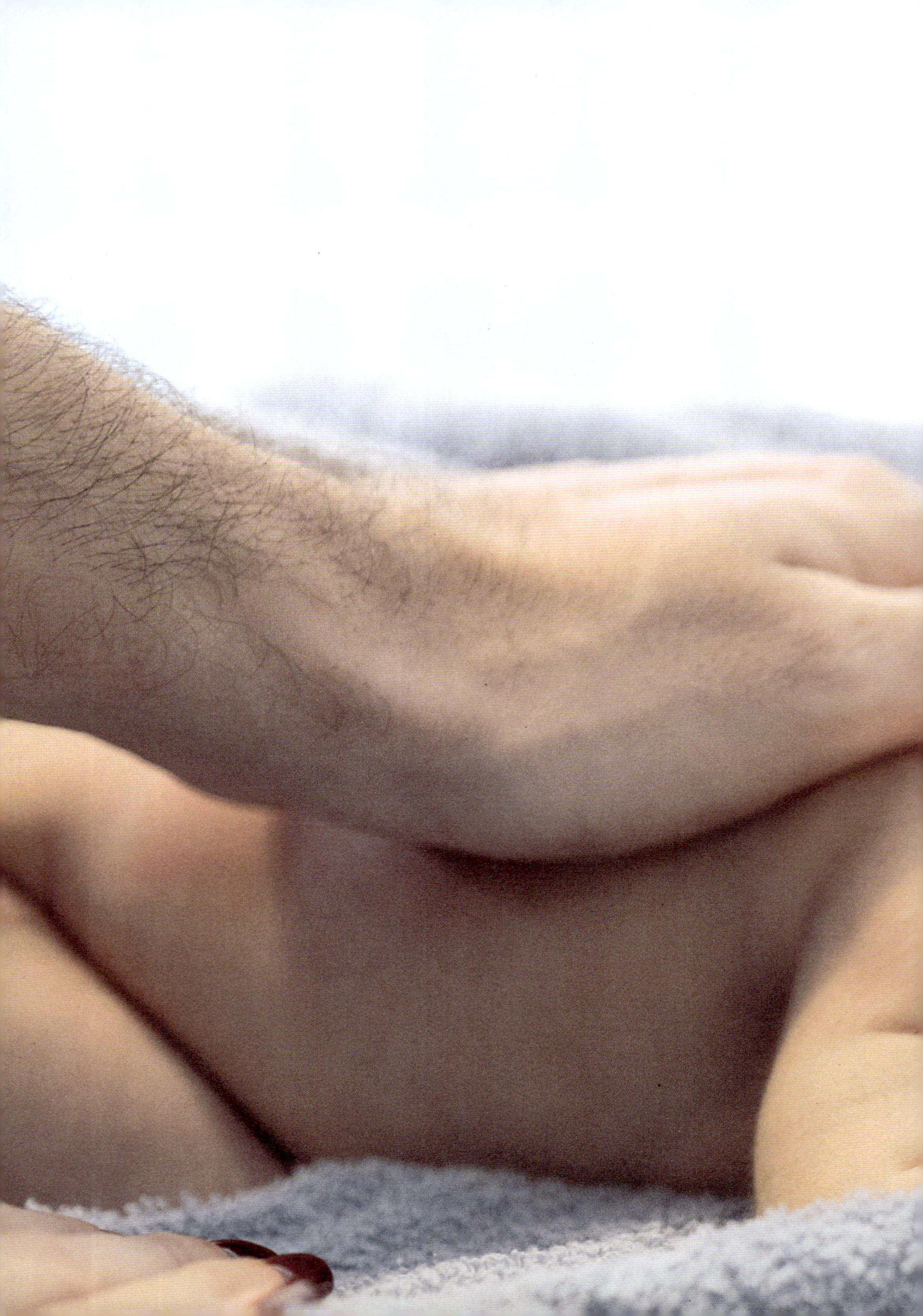

# Au retour et pour toujours

« Le visage d'une mère est pour l'enfant
son premier livre d'images. »

Christian Bobin

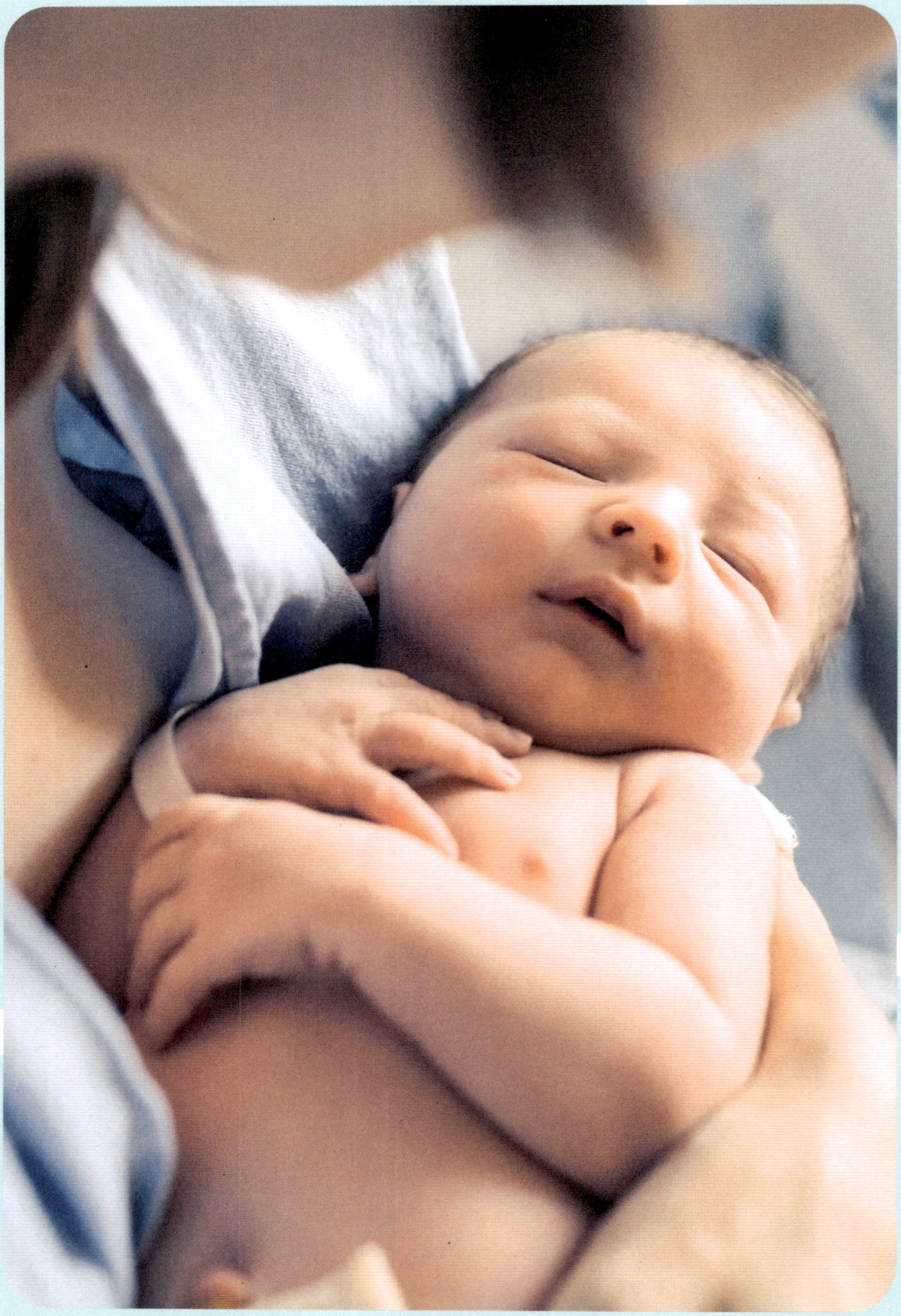

# Comment préparer le retour à la maison ?

Après neuf mois (ou presque) de grossesse, votre accouchement et le séjour à la maternité, voici enfin venu le moment du retour à la maison avec bébé. Tout a été préparé pour accueillir votre enfant et pour que vous vous sentiez rassurés et sereins. Cependant, ce retour chez vous peut vous faire douter de votre capacité à prendre soin de ce petit être. « On ne naît pas parent, on le devient », disait la célèbre pédiatre et psychanalyste Françoise Dolto.

## Le séjour à la maternité

Avant de rentrer à la maison, vous passerez probablement quelques jours à la maternité. Ne soyez pas forcément impatiente de rentrer et tirez avantage de cette « pause » pour vous reposer et profiter pleinement de bébé. **Prenez le temps de l'accueillir, de le regarder, de lui sourire, de le caresser, de le découvrir.** Ce joli lien d'attachement commencé dans votre ventre va poursuivre son chemin tout au long de la vie.
Bien évidemment, ce petit être que tout le monde attend va faire le bonheur de toute la famille. En général, les parents et les amis sont impatients de vous féliciter et de faire connaissance avec votre bébé. C'est à ce moment-là que le père ou le second parent se voit chargé d'un rôle important : la régulation des visites. En les prenant en charge, il évitera au bébé et à la mère d'être débordés par les attentions et la fatigue que cela entraîne. Privilégiez les longs moments entre vous. **Dans l'idéal, la maman ne devrait avoir qu'une seule chose à faire : s'occuper du bébé. Aux autres d'organiser le reste.**
Ces premiers jours de vie (les autres aussi, bien sûr) sont essentiels pour le bébé, très chamboulé par sa naissance. Certains nouveau-nés ne supporteront

pas de quitter les bras des parents, et tous auront besoin de votre chaleur et de votre amour pour comprendre et accepter ce passage de leur monde au nôtre – leur nouveau monde. En préservant un environnement serein, vous respectez ses ressentis.
Le personnel de l'hôpital est aussi là pour vous soutenir et instaurer des règles pour les visiteurs.
Je ne vous apprendrai rien en vous disant que vos nuits ne seront plus les mêmes pendant un certain temps. Combien de temps ? Personne ne le sait. Peut-être quelques mois... ou plus encore. **Il est impératif d'organiser vos temps de récupération et de sommeil. Un seul moyen : quand bébé dort, vous dormez.** Cette phrase, le personnel soignant va vous la ressasser. Mais croyez-moi, on n'a encore rien trouvé de mieux que la sieste en même temps que bébé.
Une astuce qui peut avoir son importance : mettez un petit panneau « Maman et bébé se reposent » sur la porte de votre chambre. Les visites ne se feront ainsi que lorsque vous l'aurez décidé, et donc avec beaucoup plus de sérénité et de joie. Et vous éviterez les va-et-vient permanents et épuisants.
Je connais même certains couples qui décident de ne prévenir personne lorsqu'ils arrivent à la maternité ni pendant le séjour. Ils préservent l'intimité de la rencontre à trois. Qu'en pensez-vous ?

## La durée du séjour en maternité est très variable

En règle générale, vous resterez entre deux et cinq jours à la maternité, selon le type d'accouchement que vous avez eu.
**Retenez juste ce conseil : si c'est votre premier enfant, ne précipitez pas votre départ.** Si vous le pouvez, passez 24 heures supplémentaires à la maternité pour vous permettre de vous sentir plus en confiance et reposée.
Au deuxième enfant, vous serez plus aguerrie, et surtout, vous aurez la fratrie qui vous réclamera à cor et à cri !

### *Le séjour à la maternité dans le monde*

– La **France** fait partie des cinq pays où le séjour en maternité est le plus long pour un accouchement normal[14] : 3,9 jours.
– Aux **États-Unis**, les femmes disposent d'une moyenne de 2 jours. Au Royaume-Uni, de 1,4 jour. Au Mexique, de 1,2 jour.
– La palme du séjour le plus long revient à la **Hongrie** avec 4,9 jours d'hospitalisation en moyenne.
– En **Chine**, la coutume est que la jeune maman reste au lit – elle est convalescente et son corps doit se remettre lentement de l'accouchement. Son seul devoir est de s'occuper de son bébé et de l'allaiter pendant que les parents et les grands-parents s'occupent du ménage, de la cuisine, des lessives…
– En **Turquie**, la mère vient habiter chez sa fille pendant 40 jours pour s'occuper d'elle et du bébé.

## Le retour à la maison : enfin !

Vous appréhenderez ce retour autant que vous le souhaiterez. Cette dualité est parfaitement normale et saine. S'il fait bon être chez soi et faire découvrir sa belle chambre à son bébé, se retrouver face à son enfant avec la crainte de mal faire peut être effrayant.
Mais dans le fond, que pouvez-vous vraiment faire de mal ? Un soin de cordon ? Celui des yeux ? Lui donner trop à manger, pas assez ? Qu'il ait trop chaud, trop froid ? La belle affaire !
**Vous pouvez avoir peur de ne pas comprendre les pleurs de votre bébé. C'est finalement la seule vraie difficulté, mais n'ayez crainte, assez rapidement, vous saurez les déchiffrer et y répondre.** Pour ne pas vous sentir trop désemparée, visualisez-vous toujours la situation dans laquelle vous étiez trois ou quatre jours auparavant et prenez conscience des avancées et des découvertes que vous avez faites depuis avec votre enfant. Vous réaliserez à quel point vous apprenez vite à le connaître.

14 Selon le Panorama de la santé 2019 de l'OCDE (Organisation de coopération et de développement économiques).

En premier lieu, organisez-vous dans votre couple :

- Qui préparera les repas ?
- Comment vous organiserez-vous pour les tâches ménagères ou administratives ?
- Qui pourrez-vous appeler en cas de besoin ?

**L'idéal est de vous libérer des tâches les plus fatigantes.** Une fois le ménage fait, les placards pleins, le réfrigérateur rempli, les produits pour bébé – le lait, les couches, les vêtements – stockés, vous vous sentirez bien mieux chez vous.

**De retour à la maison, une sage-femme de votre choix peut passer vous voir.** Ce service de retour et d'accompagnement à domicile est entièrement pris en charge par la Sécurité sociale. Vous pouvez ainsi bénéficier d'une première visite dans la première semaine suivant la sortie de la maternité, et d'une seconde visite éventuelle.

La sage-femme contrôle l'état de santé de votre bébé (son alimentation, son poids…). Elle vous donne des conseils (allaitement au sein ou biberon) et elle vérifie votre état de santé (cicatrice de césarienne ou d'épisiotomie, état général…).

**Vous pouvez aussi bénéficier d'un suivi en PMI** (centre de protection maternelle et infantile) pour des conseils, un contrôle de poids de votre bébé… Vous trouverez la liste de ces centres sur www.allopmi.fr.

## Le syndrome du ventre vide

C'est un état souvent méconnu, apparenté à un baby blues ou à une dépression post-partum, car aucune étude n'a été réalisée sur ce syndrome. Certaines des femmes qui en souffrent n'ont pas particulièrement aimé être enceintes, d'autres, au contraire, ont adoré cette période, qu'elles auraient aimé prolonger. Car la grossesse procure un sentiment de fusion avec son bébé, un corps à corps encore plus intense qu'un peau à peau, lié à l'exclusivité de ce bébé dans son ventre. Plus qu'une simple nostalgie, il s'agit alors parfois, pour ces toutes jeunes mamans, de faire le deuil de leur grossesse. Ce syndrome de ventre vide est davantage ressenti chez les mamans qui ont accouché prématurément, car elles ont l'impression que leur grossesse s'est terminée trop tôt.

Pour certaines femmes, ce sentiment de ventre vide se traduit par **le regard qu'elles portent sur leur corps qui, de nouveau, va devoir se remodeler**.

Lorsque l'on écoute les témoignages, on s'aperçoit que ce ressenti vient aussi du fait que, pendant neuf mois, la maman a été le centre d'intérêt de tous : médecins, sages-femmes, famille, amis. On a pris soin d'elle, on l'a gâtée, et du jour au lendemain, c'est le vide. L'attention se tourne vers bébé.

Et puis, il y a **le couple**, qui met parfois un peu de temps à se retrouver comme « avant ».

Il est essentiel de continuer à « s'inquiéter » pour la maman, de ne pas « l'oublier ». Pourquoi ne pas lui offrir un soin, un massage, un peu de temps passé juste avec elle ?

Le soin rebozo (voir p. 165) est connu pour aider à se reconnecter avec son corps. Il allie massage, sudation et enserrage du corps. C'est un soin de femme à femme.

Si, malgré toutes ces attentions, vous sentez ce malaise s'installer dans le temps, bien sûr, il est recommandé d'en parler avec une personne de confiance.

## Un baby blues qui traîne

Aussi connu sous le nom de « syndrome du troisième jour », le baby blues est un trouble de l'humeur temporaire et sans gravité, se manifestant dans les quelques jours suivant la naissance de l'enfant.

Il est en partie dû à la grande fatigue consécutive à l'accouchement et aux importants bouleversements hormonaux qui s'ensuivent : le taux d'hormones de grossesse chute, tandis que les hormones favorisant l'allaitement (ocytocine, prolactine…) sont produites en grande quantité par l'organisme, amplifiant encore davantage la fatigue qui suit l'accouchement.

À cela s'ajoutent aussi des facteurs psychologiques comme la peur de ne pas être une « bonne mère » ou la désagréable sensation de « ventre vide », maintenant que bébé est né…

**Les symptômes du baby blues apparaissent dans les trois à dix jours suivant l'accouchement et durent de quelques heures à une quinzaine de jours selon les mères.** En voici la liste :

- une humeur très changeante (la maman passe du rire à la crise de larmes sans raison apparente) ;
- de la tristesse ;
- de l'irritabilité ;
- de l'anxiété, liée à la sensation d'être dépassée par les événements ;
- une grande fatigue ;
- un manque d'appétit ;
- des difficultés à dormir ;
- plus rarement, des manifestations physiques comme des maux de tête, des crampes d'estomac et des palpitations.

## Des astuces pour contrer le baby blues

- **Pratiquez le peau à peau** sans vous priver.
- Dans ces moments-là, **évitez les visites** qui pourraient vous fatiguer ou vous fragiliser.
- **Ne vous retenez pas, laissez-vous aller aux pleurs**, sans pudeur ni honte, plus encore à la maternité, où les sages-femmes et les auxiliaires de puériculture sont là pour vous aider, vous soutenir. N'attendez pas d'être seule à la maison.
- **Vous pouvez faire un bandage du ventre et du bassin pour éviter la sensation du « ventre vide »**, une pratique courante dans beaucoup de pays. Il permet aux organes de trouver un point d'appui. Vous pouvez le faire dès l'accouchement. Au niveau ostéopathique et gynécologique, cela sera très bénéfique. Pour cela, bandez tout le petit bassin (os iliaque compris) afin de le tenir et de vous soulager.

## La dépression post-partum

Je ne veux pas vous affoler sur les différents maux qui pourraient survenir après l'accouchement, pour autant, vous informer peut aider à la prévenir en cas de doutes.
Ce type de dépression survient souvent bien après l'accouchement et est plus long à disparaître. Elle repose sur un débordement de tout : manque de confiance, épuisement, tempête émotionnelle, craintes, larmes. Vous ne vous supportez plus, vous êtes en conflit avec votre corps...
Peut-être pensez-vous même que vous êtes la seule maman à ne pas y arriver, que vous n'êtes pas une « bonne mère » pour votre enfant. Eh bien, vous avez tort, 10 à 20 % des jeunes accouchées font une dépression post-partum.
**Dans une telle situation, ne restez pas seule.** Souvenez-vous que la plupart d'entre vous vivent ce chamboulement. Trouvez une oreille bienveillante : votre médecin, votre sage-femme, une psychologue... Soyez patiente : vous vivez une nouvelle aventure.
Devenir parents change la vie, redéfinit nos priorités. Il faut apprendre. Vous faites comme vous pouvez et votre bébé aussi. Le rythme du bébé n'est pas le même que le nôtre. Faites-vous confiance, et faites-lui confiance. Le lâcher-prise s'apprend.

**AURÉLIE**

*« Depuis que j'ai lâché prise, mon bébé fait ses nuits. »*

### La sophrologie postnatale

La naissance de notre bébé, la fatigue, voire l'épuisement, les bouleversements hormonaux et émotionnels peuvent être difficiles à gérer. Vous avez besoin de vous accorder du calme, du recentrage, de libérer vos tensions, de « respirer ». **La sophrologie postnatale vous accompagne à votre rythme pour retrouver davantage de calme, de sérénité intérieure et d'équilibre psychique.**
La pratique de la sophrologie postnatale diminue également les risques de dépression post-partum.

### Le yoga postnatal

Le yoga postnatal est un sport doux que l'on pratique souvent avec son bébé et qui va vous permettre de vous réapproprier votre corps. Les exercices vont vous aider à tonifier votre plancher pelvien et permettront aussi de soulager vos douleurs liées à la posture de votre grossesse ou de votre allaitement, notamment en recentrant votre bassin et en remusclant votre sangle abdominale.
**Le yoga postnatal contribue aussi à acquérir, par la respiration et le recentrage sur soi, la sérénité nécessaire pour gérer les moments parfois difficiles avec votre bébé.** Il diminue le stress et augmente la confiance en soi. Il participe à créer du lien avec votre bébé. C'est aussi l'occasion de rencontrer d'autres mamans et de sortir de votre isolement.
Avant de pratiquer ce sport, il est conseillé de prendre l'avis de votre médecin ou de votre sage-femme – il est parfois recommandé d'avoir commencé la rééducation du périnée.

### Le soin rebozo

Massage aux huiles essentielles, bain de vapeur aux plantes et enserrage du corps sont les trois principales étapes de ce soin postnatal traditionnel. Il s'apparente à un véritable rituel de passage d'un état à un autre : fermeture de l'ancien et ouverture à un nouvel état. Il marque une étape à franchir, une ouverture à soi-même en tant que femme. **Le soin rebozo agit donc sur**

**différents plans, physique, psychique et émotionnel.** L'enserrage procure une vraie sensation de bien-être. Il permet de se reconnecter à son corps et de se le réapproprier.

> **MATHILDE**
>
> *« Quelquefois, on se met des choses en tête… Maintenant, sur beaucoup de choses, j'arrive à me dire, ce n'est pas grave, et ça fait tellement de bien ! »*

## Le rôle du second parent, une évolution positive

**On oublie souvent que la naissance implique trois personnes : le bébé et ses parents, qui peuvent être une maman et un papa, deux mamans ou deux papas.** Je ne fais aucune différence sur le genre du second parent, ce qui compte, c'est l'amour et la protection que celui-ci peut offrir.
Quant aux mères célibataires, elles offriront bien entendu à leur enfant tout autant d'amour et trouveront dans leur entourage l'aide et le soutien nécessaire.
La société évolue, et grâce à la commission d'experts des 1 000 jours dirigée par Boris Cyrulnik, le congé de paternité s'est allongé de 11 à 25 jours. Je conseille souvent de le prendre à la naissance de l'enfant, pour être là au cours des premières semaines où votre présence sera indispensable.

### Trouver sa place avant la naissance

Votre relation amoureuse a commencé par un regard, un baiser. On se tient la main, on s'attache, on s'aime. Puis la vie a poussé dans le ventre de votre femme, et il n'est pas toujours évident pour vous de réaliser qu'un être s'y développe. Que ressent-elle ? Quel est cet attachement qui se crée ? Vous aimeriez tellement le ressentir, vous aussi.

**Assister aux échographies, entendre le cœur du futur bébé, être présent à certains cours de préparation à la naissance vous aide à entrer pleinement dans votre future paternité.** L'haptonomie peut permettre cette communication affective avec le bébé à naître, parce qu'elle inclut le conjoint.
Vous essayez de ne rien laisser paraître, mais vous êtes inquiet. Vous cherchez du réconfort dans les mots et les regards de la sage-femme, des médecins. La future maman cherche ce même réconfort dans vos yeux qu'elle connaît si bien. Pendant la grossesse, lors de l'accouchement et après, vous êtes le seul repère pour la maman. Même si vous avez l'impression d'être impuissant, vous êtes un pilier.

## Lors de l'accouchement

Dans les années 1970, les pères ont commencé à arriver en salle de naissance après une très longue absence. Aujourd'hui, 92 % d'entre eux assistent à la naissance de leur enfant. Autrefois, nous étions très surpris que le papa soit à l'accouchement, désormais, nous sommes étonnés lorsqu'il n'y participe pas.
Cela reste toutefois un choix très personnel et les avis sont partagés. Certains conjoints ont peur de ne pas supporter la douleur de la maman ou de ne pas être à la hauteur et de faire un malaise.
Pour autant, ne pas être physiquement présent à la naissance de son enfant n'empêche pas un homme d'être père, et être présent ne le rendra pas meilleur père. **Chaque individu doit avoir le choix, et nul n'est obligé de se plier aux convenances.**
Il est surtout indispensable que le second parent ose dire ses peurs, ses craintes, qu'il parvienne à ressentir son envie profonde, en dehors de toute pression sociale ou affective.

## L'ocytocine, ce n'est pas uniquement une hormone féminine

Une étude israélienne a étudié cette hormone chez les papas et montré que, lors de la naissance de bébé, ils ont aussi une poussée d'ocytocine, cette merveilleuse hormone de l'amour et de l'attachement. **La proximité précoce avec leur bébé renforce ce lien.** Ils bercent, ils câlinent, ressentent les émotions et veulent être présents pour les soins, les examens médicaux... Le peau à peau est un bon moyen de faire grimper cette hormone.

### Parent pour la vie

Le second parent est d'un soutien indispensable. Vous êtes la protection et la sécurité dont a besoin le duo maman-bébé, vous êtes la jolie bulle tout autour d'eux.

Vous vous sentez peut-être un peu maladroit, vous n'osez pas porter ce si petit bébé et préférez parfois laisser toute la place à la maman, attendre qu'il soit un peu plus grand. N'ayez crainte, vos grandes mains et votre voix auront un effet très sécurisant sur votre enfant. Vous allez vite vous rendre compte que vous savez calmer ses peurs et ses pleurs. Vous allez adorer ces moments de tête-à-tête, ces moments de tendresse et d'amour rien qu'à vous deux.

**Vos tâches peuvent parfois vous sembler ingrates, mais sans vous, maman et bébé ne pourront pas s'apaiser.** On a mis du temps pour le réaliser, mais comme dit le vieux proverbe : « Il n'est jamais trop tard pour bien faire. » Le lien entre l'enfant et l'autre parent est différent de celui qui se tisse avec la mère, mais tout aussi important.

# La mort inattendue du nourrisson

Je me dois d'aborder ce point sans détour, car je sais qu'il est dans la tête de tous les parents – ce qui me semble tout à fait normal. Ce sujet fait en effet l'objet de nombreuses questions sur la position dans laquelle faire dormir le nourrisson, les régurgitations…

La Haute Autorité de santé (HAS) définit la « mort inattendue du nourrisson » comme « une mort survenant brutalement chez un nourrisson alors que rien, dans ses antécédents connus, ne pouvait le laisser prévoir ». Les risques sont particulièrement importants entre 0 et 6 mois. Ils durent jusqu'à 2 ans.

La mort inattendue du nourrisson (MIN), autrefois appelée « mort subite du nourrisson » (MSN) touche chaque année en France près de 500 enfants. Première cause de mortalité entre 1 mois et 1 an, elle est un enjeu majeur de santé publique.

**Des recherches ont mis en évidence que la principale cause de ces décès était liée au couchage ventral.** Les habitudes de couchages ont donc évolué, ce qui a permis de faire baisser le taux de mortalité de 75 % depuis les années 1990.

Voici les recommandations que l'on donne aujourd'hui pour prévenir la mort inattendue du nourrisson[15] :

- **Coucher le bébé sur le dos** pour la nuit ou pour la sieste (éviter la position latérale, car l'enfant risque de se retourner sur le ventre). Le nombre de MIN a diminué partout où les parents ont respecté cette consigne. Lorsque l'enfant se tourne lui-même sur le ventre (c'est le cas à un âge où le risque de MIN est beaucoup plus faible), il n'est plus nécessaire de le forcer à dormir sur le dos. Si l'enfant souffre de reflux gastro-œsophagien ou d'une malformation des voies respiratoires, consulter le médecin pour savoir dans quelle position le coucher.
- Choisir un **matelas ferme et plat** aux dimensions du lit, avec un drap ajusté.
- **Éviter oreiller, édredon et coussins.**
- **Éviter les couvertures et les couettes.**
- Habiller le nourrisson avec **une « turbulette » ou une « gigoteuse »** pour le laisser respirer et prévenir un étouffement accidentel.
- **N'utiliser des tours de lit que s'ils sont fermes, aux dimensions du lit et fins.**
- **Ne rien mettre autour du cou du bébé**, ni bijou ni accroche-tétine.

15 Prévention de la mort inattendue du nourrisson en 2015. Entretiens de Bichat 2015. Intervention d'Odile Pidoux, néonatologue au CHU de Montpellier.

- **Éviter le cale-bébé**, il n'empêche pas les retournements et le nourrisson peut se retrouver piégé, le nez au fond du cale-bébé.
- **Sortir les jouets et les peluches** du berceau.
- **Éviter de fumer** pendant la grossesse ou en présence du bébé.
- **Placer l'enfant seul** dans son lit.
- **Faire chambre commune** avec le bébé. La Société canadienne de pédiatrie recommande que les parents gardent la couchette de leur bébé dans leur chambre durant ses 6 premiers mois.
- **Ne pas faire dormir le bébé avec un adulte, sur un fauteuil ou un canapé** (le co-dodo, sommeil partagé, ou co-*sleeping*, est déconseillé).
- **Proposer une tétine au moment du coucher**, mais sans forcer l'enfant (les résultats d'une méta-analyse ont conduit les États-Unis à recommander l'utilisation de la tétine pour tous les épisodes de sommeil du nourrisson).
- Prévoir une **température de la chambre entre 18 et 20 °C** – mieux vaut plus frais que trop chaud.
- Ne pas tarder pour faire **soigner les infections ORL** de bébé, même bénignes.
- **Communiquer ces mesures de prévention** à toute personne en charge du bébé.

Je retranscris ici toutes les recommandations qu'il est préférable de suivre, même si je suis consciente que certaines sont difficiles à mettre en place. Je pense particulièrement aux bébés qui ont un reflux gastro-œsophagien et qu'on a beaucoup de mal à coucher sur le dos. Pour ces enfants, pensez à rehausser la partie haute du lit. Vous trouverez dans le commerce des plans inclinés à ajuster dans le lit de votre bébé. Et bien évidemment, parlez-en à votre pédiatre

J'ajouterais un conseil : **ne couchez pas trop rapidement votre bébé lorsqu'il a mangé**. Essayez de le garder 15 à 20 minutes en position verticale et pensez à proposer le rot après le repas.

# Mes conseils pour le coucher

## L'emmaillotage

Cette pratique très ancienne consiste à envelopper le bébé dans un morceau de textile – lange ou couverture –, afin de le contenir et de le rassurer, comme il l'était dans son univers *in utero*.

**Les effets positifs de l'emmaillotage sont bien connus :**

- une meilleure qualité de sommeil ;
- la sensation d'être contenu comme dans le ventre de la maman ;
- une diminution des coliques.

**On note toutefois des points négatifs :**

- un risque d'hyperthermie : s'il fait chaud, n'habillez votre bébé que d'un body (et de sa couche) ;
- le risque que l'emmaillotage se desserre et se retrouve sur le visage du bébé, empêchant ainsi une bonne ventilation.

C'est pour toutes ces raisons que, lorsque l'on m'interroge sur l'emmaillotage, je conseille de le pratiquer plutôt en journée, quand on est sûre que le bébé est bien surveillé.

Vous pouvez toujours demander, lors de votre séjour à la maternité, que l'on vous montre comment réaliser un emmaillotage tout en sécurité.

## Le co-dodo

Aussi appelé *co-sleeping* en anglais, le co-dodo, ou sommeil partagé, consiste à faire dormir le bébé dans le lit ou dans la chambre de ses parents, en fixant au lit des parents un berceau classique ou un « lit en co-dodo » (doté d'un côté rétractable). Après avoir presque disparu en Occident au Moyen Âge, cette pratique y est aujourd'hui de plus en plus répandue (et de moins en moins taboue).

### Pour ou contre ?

Dans les cultures asiatique et africaine, dormir avec son bébé est parfaitement naturel. Mais la pratique du co-dodo fait débat au sein de la communauté scientifique. **Selon ses détracteurs occidentaux, c'est :**

- nuire à l'intimité conjugale ;
- compromettre l'autonomie de l'enfant et provoquer chez lui des troubles du comportement ;
- risquer de l'étouffer ou de le faire tomber par inadvertance ;
- augmenter le risque de mort inattendue du nourrisson.

Les organismes français et internationaux recommandent donc le partage de la chambre (mais pas du lit) les 6 premiers mois de la vie du bébé, période durant laquelle le risque de mort inattendue du nourrisson est le plus élevé.

## Quelques chiffres sur le co-dodo dans le monde[16]

– En Chine, 88 % des nourrissons de moins de 3 mois dorment dans le lit de leur mère.
– En Australie, ce chiffre s'élève à 30 %.
– En Nouvelle-Zélande, à 19 %.
– Aux États-Unis, à environ 20 %.
– En Europe, il n'y a pas de chiffres officiels connus. Une étude de 2004 a estimé à 32 % le nombre de parents qui pratiquerait le co-dodo en France.

**Les avantages du co-dodo**

Le co-dodo est un choix qui implique les deux parents : n'oubliez pas d'en discuter avec votre conjoint !

C'est un choix instinctif, mais aussi pratique, car il offre des avantages non négligeables :

- Il facilite l'allaitement : les mamans qui partagent le lit de leur bébé allaitent plus souvent et plus longtemps. Ainsi, le co-dodo contribue à réguler le processus de lactation qui nécessite des tétées régulières. La mère et le bébé sont plus sereins.
- Il rassure le bébé : la présence de sa mère apaise le bébé et facilite son sommeil. Leur relation affective s'en trouve renforcée, ce qui favorise le bon développement du bébé. Son besoin de sécurité nocturne coïncide le plus souvent avec la fin de la période d'allaitement : à vous de décider si vous pratiquez le co-dodo jusqu'à ses 3 ans ou si vous l'arrêtez avant.

---

16 Anne Moinier, « Le sommeil partagé, enquête auprès des médecins généralistes de Gironde », *Médecine humaine et pathologie*, 2016. https://dumas.ccsd.cnrs.fr/dumas-01402219/document

- Il rassure la maman : en dormant auprès de son bébé, elle peut plus facilement répondre à ses besoins et s'assurer qu'il va bien, que sa respiration est régulière, qu'il n'a pas trop chaud ou trop froid.
- Il permet à la maman de ne pas se lever la nuit. Ainsi, la mère peut facilement récupérer les premières semaines après la naissance et être moins fatiguée dans les mois suivants.

La Leche League, association internationale de soutien et d'information à l'allaitement maternel, soutient le partage du lit parental pour les mères qui allaitent et dans certaines conditions de sécurité.

## 10 règles de sécurité du co-dodo

Les conditions pour un co-dodo en toute sécurité doivent être respectées impérativement.

- La **température** de la pièce ne doit pas être trop élevée (idéalement 18 °C).
- Le **matelas** du lit partagé (pas de canapé) doit être assez ferme, et les oreillers des parents en mousse rigide (ou supprimés).
- Assurez-vous que votre bébé ne puisse pas **glisser** entre le bord du matelas et le mur ou tomber du lit.
- Ne le couvrez pas trop et placez-le dans sa **gigoteuse** et non sous la couette.
- Bannissez les vêtements à cordelette et **attachez** vos cheveux s'ils sont longs.
- Votre bébé doit dormir **sur le dos**.
- Ne faites pas dormir votre bébé et **un enfant plus grand** dans le même lit.
- Empêchez les **animaux** de compagnie de monter dans ou sur le lit.
- Le **papa** doit faire preuve d'une vigilance particulière, car il n'est pas mis en alerte par les hormones produites par l'allaitement.
- Les parents ne doivent pas **fumer**, avoir **bu** et/ou consommé de la **drogue**. S'ils sont épuisés, ils feront dormir le bébé dans un lit à part.

# Le lien d'attachement ou la figure d'attachement

Nous avons la chance depuis une dizaine d'années de disposer d'un grand nombre d'études dans le domaine des neurosciences, qui nous expliquent que le bébé vit des émotions qu'il n'est pas en mesure de gérer. Son cerveau immature ne le permet pas. Vous, ses parents, vous êtes son seul moyen de se sentir rassuré. Vous êtes son ancrage, son apaisement, son TOUT !

## C'est essentiel !

Les scientifiques nous expliquent à quel point le lien avec les parents dès la naissance, et même dès la vie *in utero*, est capital dans la construction de ce petit être, de cet adulte en devenir, pour qu'il puisse cheminer en confiance, en sécurité, pour qu'il apprenne à verbaliser ses émotions plutôt que de les refouler...

Le lien d'attachement est la base de ses futures relations avec son entourage, l'élément essentiel dans la construction de son estime de soi.

**Un enfant n'a besoin que de trois choses : être nourri, avoir chaud et surtout être aimé.**

La sécurité et l'amour bien sûr, quelle évidence ! J'ai eu quatre enfants et je ne savais pas à quel point je pouvais aimer. On les aime tellement qu'on se demande même comment on va pouvoir aimer le deuxième autant que le premier. Et puis arrive le deuxième et cela se produit de nouveau, cette magie de l'amour et de l'attachement. Ayez confiance en vous, soyez patiente et soyez indulgente envers vous-même. Voilà le secret du lien entre votre enfant et vous.

# Comment définir l'attachement ?

## La vision de John Bowlby

Ce lien fort de sécurité, de confiance entre le bébé et vous est une nécessité fondamentale pour acquérir l'estime de soi.
Dès les années 1940, le psychiatre et psychanalyste britannique John Bowlby[17] est convaincu que la tendance du bébé à s'attacher à sa mère est nécessaire à sa survie, tout autant que le besoin d'être nourri. La Seconde Guerre mondiale amène les psychiatres à s'intéresser au lien mère-enfant et aux conséquences des séparations précoces.
John Bowlby étudie en Europe et aux États-Unis le comportement et le développement de jeunes orphelins. En 1951, il remet à l'Organisation mondiale de la santé (OMS) un rapport sur ses travaux, qui pose les principes de sa théorie de l'« attachement » : selon ses observations, la mère, ou son substitut, constitue une base de sécurité pour le nouveau-né ; après 7 mois, une relation d'attachement à une personne privilégiée, la « figure d'attachement », s'établit. La mère est en général la première personne pour tenir cette fonction. Il ressort de cette théorie que satisfaire au mieux le besoin d'attachement chez l'enfant le rend plus confiant dans son rapport au monde, son intelligence émotionnelle et ses interactions sociales.
**Faute de contacts suffisants, l'attachement ne se crée pas entre l'enfant et sa mère.** Il développe alors un attachement « insécure » qui peut entraîner des dysfonctionnements psychiques et physiques plus ou moins importants et plus ou moins durables. Mais rien n'est joué d'avance : un attachement « insécure » peut devenir « sécure » dès lors que l'entourage de l'enfant commence à satisfaire ses besoins affectifs et relationnels.

## Le cas particulier des enfants nés sous X

En général, la première et principale figure d'attachement d'un enfant est sa mère. Que se passe-t-il lorsqu'elle est absente ? D'autres figures d'attachement dites « de substitution » prennent alors le relais. Notamment pour les bébés nés sous X, la première personne avec qui ils nouent un lien d'attachement devient la figure d'attachement. L'enfant s'accroche par nécessité vitale à un visage, à une personne qu'il aime. S'il est orphelin, une seule personne dans la maternité

17 Recueils de conférences données par John Bowlby parus aux éditions Albin Michel : *Le Lien, la psychanalyse et l'art d'être parent* (2011) et *Amour et rupture, les destins des liens affectifs* (2014).

lui est dédiée ; elle s'occupe de lui et devient son référent pour les câlins, les portages, contrairement à un bébé né avec des parents présents.

> *« La relation mère-enfant est aussi vitale pour le développement général du bébé que les vitamines ou les protéines pour le développement physique. »*
>
> John Bowlby

## Les bouleversements liés à l'arrivée d'un enfant

### La naissance fait ressurgir le passé

La grossesse ramène au passé, fait vivre mille sensations au présent et projette aussi dans le futur. C'est mieux qu'une machine à voyager dans le temps ! Beaucoup de questionnements apparaissent, qui vous incitent à réfléchir à votre passé pour aborder votre nouveau rôle de mère : « J'ai vécu tel amour maternel, mais ai-je envie du même pour mon enfant ? Voudrais-je ce modèle ou un autre ? Était-il trop fusionnel, insuffisant ou inexistant ? Que vais-je transmettre à mon enfant ? »
**L'arrivée d'un bébé est révolutionnaire, tant sur le plan physique que sur le plan psychologique.** Votre corps se modifie, votre image corporelle change, vous vivez une chute des hormones. Vous découvrez de nouvelles sensations encore inconnues jusque-là.
Beaucoup de vos croyances sur la maternité et sur la relation mère-enfant seront remises en question. Vous allez sûrement réfléchir à votre relation à vos parents, à votre mère, peut-être aurez-vous des peurs, des questionnements. Toutes ces modifications et interrogations sont saines et parfaitement normales. Faites face, c'est le moment, acceptez-les sans pour autant les laisser vous paralyser et perdre votre confiance en vous, ni vos ressentis profonds. Un véritable chamboulement intérieur nous renvoie au schéma maternel reçu, aux décisions d'adulte que nous allons prendre. C'est tout à fait normal d'avoir besoin de temps pour réaliser ce que ce petit être représente, la responsabilité, la peur peut-être que cela engendre. Soyez à l'écoute de vous-même, de vos ressentis et de votre corps. Cette transformation qui s'opère avant

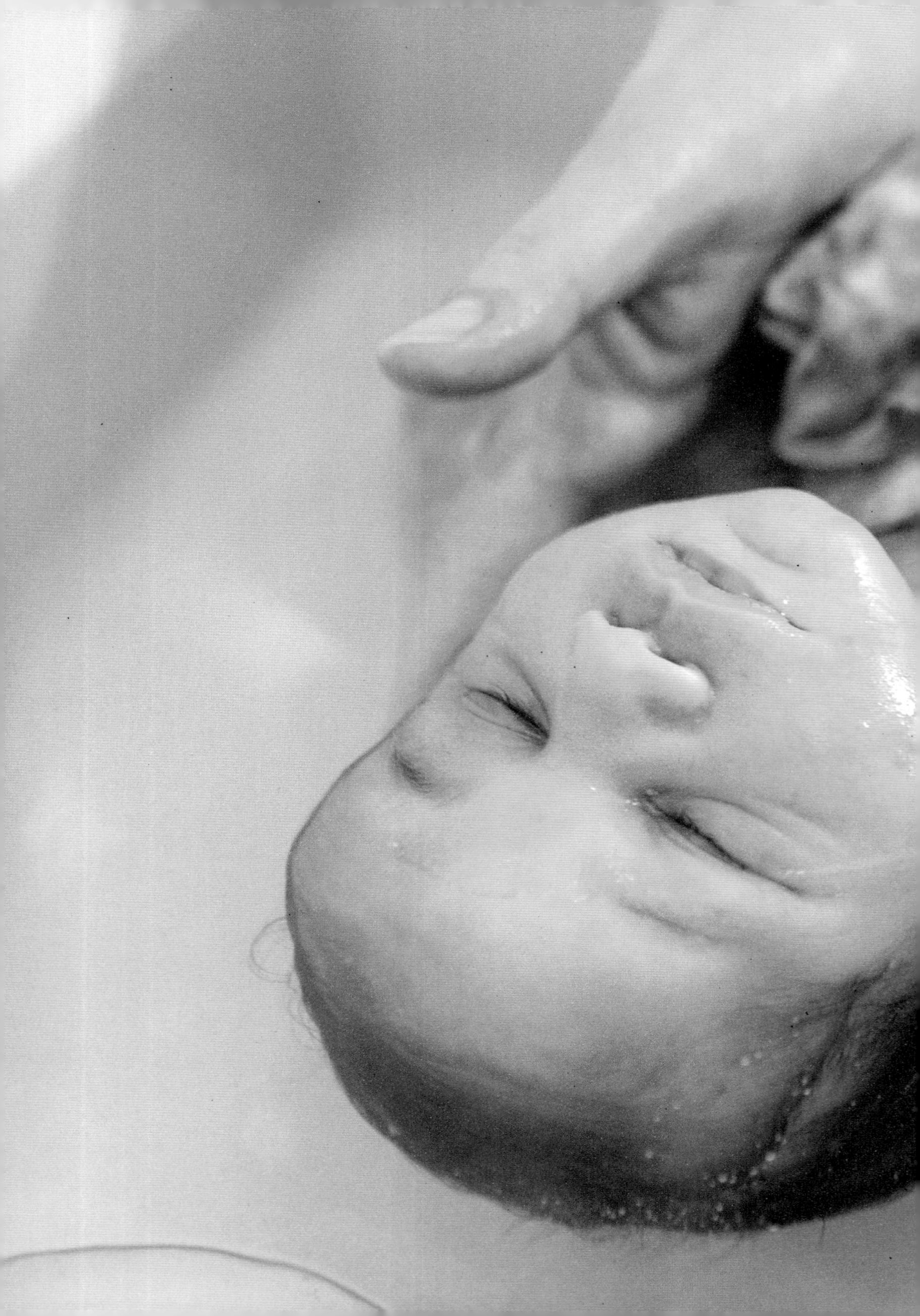

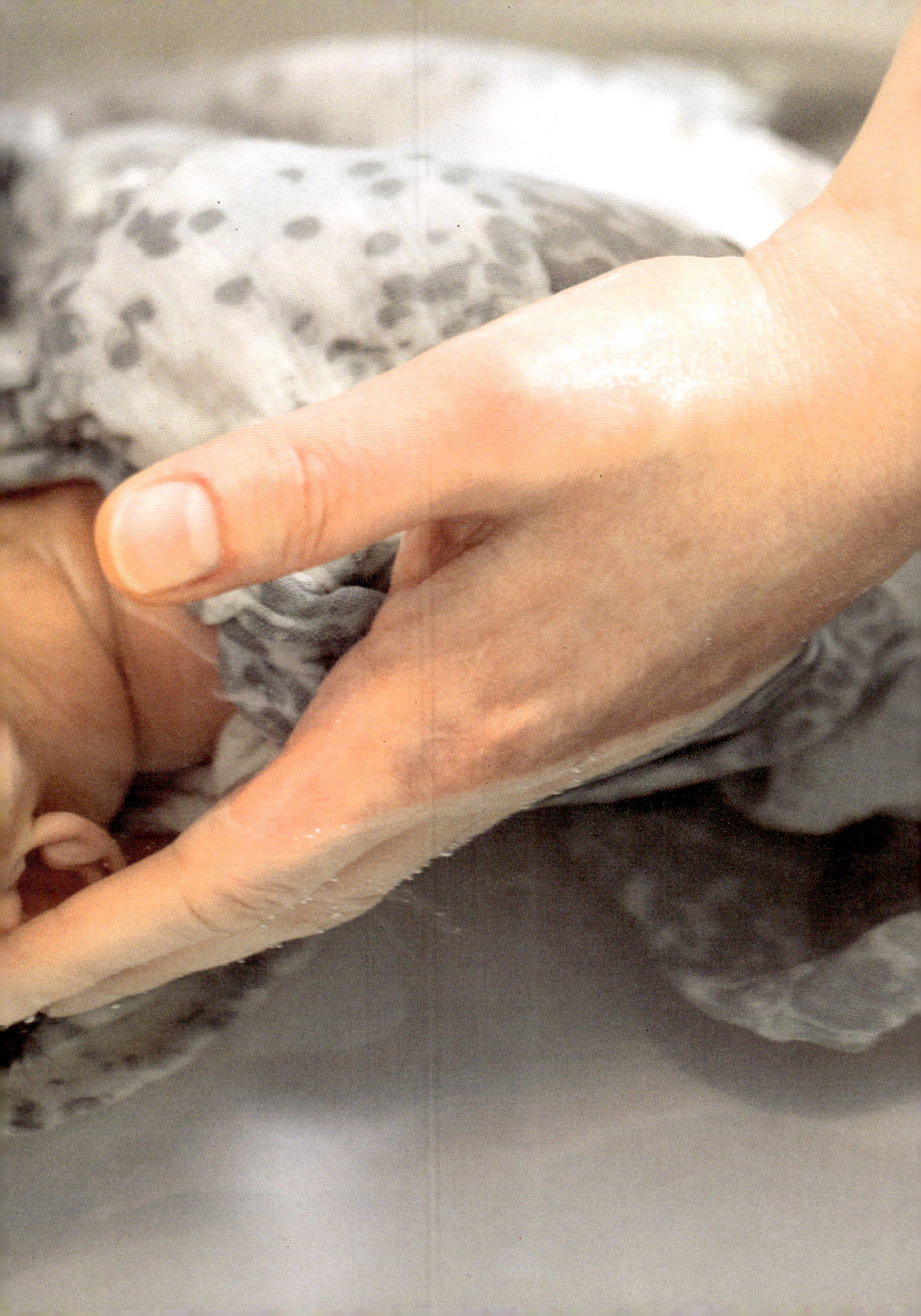

l'arrivée de votre enfant participe aussi à l'accueil et à l'attachement que vous développerez ensemble.

### De la grossesse à la rencontre, entre imagination et réalité

Votre bébé est bien protégé dans votre ventre, bercé par vos mouvements, à l'écoute des voix sourdes qui lui parviennent. Dans cet univers familier rassurant dans lequel il évolue pendant neuf mois, **un premier contact va se créer entre lui, vous et votre conjoint**. Inutile de le mentaliser ou de « vouloir » créer ce lien, il commence naturellement, physiologiquement. Et la naissance le rend encore plus palpable, encore plus concret.
Enfin, le moment de la rencontre physique avec votre bébé arrive et le lien d'attachement évolue plus encore ; désormais, vous pouvez vous toucher, vous regarder, communiquer. Ainsi va se tisser ce lien, tout au long de vos vies à tous les trois.

## Les expériences qui favorisent le lien d'attachement

### Le peau à peau, pilier fondateur pour le lien d'attachement

Il contribue sans conteste à la mise en place de l'attachement. Le nouveau-né reçoit ce message de bienvenue, vous vous regardez, **vous vous découvrez, vous vous sentez et ressentez avec tout le bonheur que cela procure**.
Encore une fois, et j'en parle dans le chapitre consacré au peau à peau (voir p. 59), s'il n'est pas fait à la naissance, le peau à peau peut avoir lieu plus tard et aussi longtemps que vous le voudrez, donc tranquillisez-vous et profitez-en quand vous le souhaitez.

## Les bienfaits du Thalasso Bain Bébé pour le lien d'attachement

J'ai connu, grâce au Thalasso Bain Bébé, des moments magiques avec les bébés, mais aussi avec les parents. Il s'en est suivi des échanges merveilleux. Pour de nombreuses familles, cela a été comme un électrochoc.
Je me souviens d'une maman qui a subi une césarienne sous anesthésie générale. Elle n'a donc pas assisté en pleine conscience à son accouchement. À son réveil, encore sous le choc, elle découvre un petit bébé dans son berceau et se demande s'il est réellement son enfant.
Je la rencontre après trois jours de vie de son bébé, et mes collègues m'avertissent qu'elle ne s'occupe pas de son enfant comme les autres, ne montrant aucune émotion, aucun sentiment.
Je découvre une mère assise au bout de son lit, regardant la télévision, son bébé allongé dans son petit berceau, totalement silencieux. Je sens tout de suite que le courant ne passe pas entre eux. Je propose alors à cette maman de faire le bain de son bébé - elle ne connaît pas le type de bains que je prodigue.
Au moment où je commence le bain, elle se tient debout, au bout de la baignoire. Je sens qu'il n'y a toujours aucune émotion en elle et je me demande comment je peux l'inviter dans ce soin-là pour essayer de provoquer une réaction.
Je lui dis de mettre sa main dans l'eau du bain et de toucher le dos de son enfant. Elle pose sa main sur sa peau et je vois qu'elle prolonge ce moment de contact avec son bébé, sans retirer sa main.
Je suis persuadée que le courant passe enfin, je sens un flux s'établir entre ces deux êtres. Je ne lui propose pas un peau à peau juste après le bain, car je crains que ce soit trop d'émotions à gérer. Je repose le bébé dans son berceau, mais désormais, je vois un vrai rapprochement entre eux.
Je suis repassée les voir un peu plus tard et la maman m'a remerciée pour ce bain : elle réalisait que j'avais réussi à créer une relation entre eux. **Par ce soin, le lien était renoué !**
Tout au long de la journée, j'ai assisté à une transformation incroyable et à un rapprochement, puis à une véritable connexion entre cette mère et son enfant.

## *Quid* de l'instinct maternel ?

La société nous conditionne beaucoup en ce qui concerne le fameux instinct maternel. Qui dit « instinct » dit « inné » ; et ne pas l'avoir immédiatement, ne pas le ressentir nous placerait irrémédiablement dans la catégorie « mauvaise mère ».
**Je crois pour ma part que cet instinct peut se manifester avant la grossesse, pendant celle-ci ou au moment de la rencontre, voire au fur et à mesure des jours et des semaines.** Tout mon propos repose sur l'envie de vous déculpabiliser, de vous donner toute la confiance possible et votre place en tant que maman. L'essentiel est que vous alliez bien physiquement et psychiquement.
Si les conditions de naissance ont été difficiles sur un plan physique ou psychique, la non-disponibilité de la mère peut alors ralentir cet instinct, et c'est normal ! Si vous êtes fatiguée ou bouleversée, accordez-vous du temps pour vous remettre et tranquillisez-vous, les choses se mettront en place.
L'amour que l'on a en nous, que l'on a envie de donner ne se commande pas non plus à l'arrivée du bébé. **Prenez votre temps, ne vous jugez jamais, c'est une relation qui ne regarde que votre bébé et vous.** Le temps ne compte pas, seul compte ce lien qui se développera à son rythme. Un rythme différent pour chacune.

## Si le lien d'attachement tarde à se nouer…

Dire que le lien avec votre bébé est difficile ou presque inexistant.
Dire que vous n'éprouvez presque rien pour lui.
Dire que vous ne vous inquiétez pas pour lui.
Vous faites déjà un grand chemin en disant tout cela. Le personnel de santé est là pour vous écouter. Vous trouverez des oreilles attentives et sans jugement dans les PMI, chez les psychologues…
Pourquoi cette rencontre avec bébé n'a-t-elle pas eu lieu ? Y a-t-il eu des difficultés pendant votre grossesse, des émotions que vous n'avez pas pu libérer, une grande déception dans votre mode d'accouchement, un choc ou une séparation entre vous et le bébé à la naissance ? Beaucoup de raisons peuvent intervenir dans cette difficulté à créer ce lien complexe.

**Cette discussion autour de la relation difficile avec son bébé est de nos jours de moins en moins taboue. Si vous sentez que la lenteur de l'attachement persiste, si elle génère en vous une inquiétude, ne vous jugez pas et faites-vous accompagner par un professionnel.**

### *Pour anticiper les possibles difficultés...*

La **visite prénatale du début du quatrième mois** vous permet d'avoir un long entretien avec une sage-femme. Lors de ce rendez-vous, vous aborderez différents sujets comme l'accouchement, l'alimentation du bébé... mais cette visite permet aussi de dépister d'éventuelles difficultés psychologiques ou sociales, si vous êtes isolée ou bien entourée, si vous avez des peurs...

Le lien d'attachement est comme un courant électrique. Si, à un moment, il a été interrompu, alors il est urgent de rétablir la lumière. Verbalisez vos émotions, vos ressentis, vos douleurs, vos peines, vos déceptions.

Même si vous avez l'impression d'avoir raté les tout premiers instants de bébé, n'ayez crainte : tout se rattrape. Donnez-vous un autre rendez-vous. Ne culpabilisez pas, soyez indulgente envers vous-même.

Nous sommes sortis de ce stéréotype des parents qui ont le coup de foudre pour leur bébé dès le premier regard, de la maman qui s'effondre en larmes lorsqu'elle voit son bébé. Pour certaines, c'est le cas, pour d'autres non, et cela ne fait pas pour autant de ces dernières des mauvaises mères.

**Osez, oui, osez sans culpabilité aller vous aérer. Confiez votre bébé, le temps de prendre un peu de soleil ou le temps qu'on prenne un peu soin de vous.**

Trouvez ce qui vous ressourcera, qui relancera votre énergie et votre joie, pour mieux retrouver votre bébé ensuite : un déjeuner en terrasse, un massage, faire les boutiques, une manucure.

Ne restez pas rongée par vos inquiétudes, vos doutes. Il suffit parfois de quelques séances, d'avoir les clés nécessaires pour déverrouiller la situation. Il est préférable d'accepter ses faiblesses – votre bébé est une « éponge » à émotions. Votre enfant et vous en serez tous les deux bénéficiaires.

## Réparer le manque

Il arrive, dans de rares cas, que le lien d'attachement ne se fasse pas immédiatement pour des raisons médicales. Par exemple, certaines femmes qui subissent une anesthésie générale n'arrivent pas à prendre conscience que le bébé est sorti de leur corps, qu'il est né. Au moment de l'anesthésie, elles ont perdu le fil de leur accouchement, privées du son et de l'image. Elles se réveillent et ce bébé est là, à leurs côtés, alors qu'elles n'ont rien senti ni ressenti de sa naissance. Ce manque de conscience et d'émotions à l'arrivée du bébé les a empêchées de vivre la naissance, la joie qu'il procure au premier regard. **Le lien d'attachement peut alors mettre du temps à s'installer, car le corps et le cerveau se sont dissociés l'espace de quelques instants**, ne permettant pas encore à la mère de prendre conscience de l'arrivée de son bébé. Réparer ce manque s'impose. Il est alors indispensable d'obtenir le récit de l'accouchement, un témoignage détaillé de tout ce qui s'est passé (que ce soit de la part du conjoint ou du personnel soignant), que quelqu'un raconte avec toutes les précisions possibles cet événement pour que la mère puisse le visualiser, le vivre et l'ancrer dans sa mémoire comme un souvenir dont elle aura des réminiscences, comme si elle l'avait vécu elle-même.
Si vous vous trouvez dans cette situation, insistez pour obtenir le petit « reportage » de ce qu'a vécu le bébé jusqu'à votre réveil. Enfin, pour recréer ce qui a manqué, rien de tel que le peau à peau et la sensibilisation de la jeune maman à tout partager avec son enfant : échanges de regards, main minuscule qui s'agrippe au doigt de l'adulte – de simples petits émerveillements du quotidien qui peuvent réveiller l'émotion endormie.

# Le portage

Le portage consiste à tenir votre enfant sur vous, en le transportant à l'aide d'un tissu (écharpe de portage ou porte-bébé). Cette technique est ancestrale, mais dans nos sociétés occidentales, elle s'est vue supplantée par la poussette au XVIIIe siècle. Malgré tout, le portage résiste, et chacun peut l'adapter à ses conditions de vie, à son organisation…

## Rien de plus naturel !

Le portage est simple et confortable, et favorise le développement de votre enfant. Il libère vos mains et répond à ses besoins. Cette technique offre en effet de nombreux avantages autant pour le bébé que pour le porteur, à condition de respecter certaines règles de sécurité.

**En aucun cas, un bébé sera « trop porté » et ne deviendra de ce fait capricieux**, comme je peux parfois l'entendre. J'entends aussi qu'à être trop porté, un enfant risque d'être dépendant, de trop s'attacher.

**Porter son bébé est normal, instinctif et maternel.** Depuis les origines du monde, les mères portent leur bébé contre elles, libérant ainsi leurs mains pour les tâches quotidiennes tout en assurant la protection de leur petit. Collés à leurs mères, les tout-petits se sentent en sécurité physique et affective. Petit rappel : le bébé est immature, il ne peut pas satisfaire seul ses besoins ni gérer ses émotions. **Comme le petit mammifère, il a besoin d'être nourri, d'avoir chaud, d'être collé à ses parents.**

D'où vient cette crainte, lorsque l'on sait que les parents sont les seuls repères du bébé et du jeune enfant ? Comment pouvons-nous penser qu'un tout petit être qui a été porté, bercé à l'abri de toutes les agressions extérieures pendant neuf mois n'ait pas besoin d'être porté ?

À coup sûr, au moins une personne vous fera cette remarque. Assumez vos choix, ne laissez personne semer la graine du doute dans votre tête.

# Le portage à bras

Bien évidemment, le portage s'effectue en premier lieu avec vos bras. Dès la naissance, les nouveau-nés possèdent naturellement un réflexe d'agrippement qui renvoie à ses réflexes archaïques de survie. Si vous portez régulièrement votre bébé de cette manière, ce réflexe persistera et se renforcera : il s'agit de respecter sa physiologie (notamment la bascule du bassin vers l'avant) et de l'inciter à s'agripper pour maîtriser de mieux en mieux les mouvements de son corps.

**Voici quelques illustrations qui vous expliquent comment porter votre bébé en respectant sa physiologie.**
Dans votre ventre, le petit dos de bébé était arrondi. Essayez de respecter cette position physiologique. Il se « dépliera » de lui-même lorsqu'il sera prêt.

Lorsque vous portez votre bébé sous les aisselles, son dos est en extension et entraîne son œsophage, d'où un risque de faire remonter son bol alimentaire et de créer des acidités gastriques. Il éprouve par ailleurs une sensation de pesanteur inconnue pour lui, puisqu'il était contenu dans votre ventre.

*« En portant votre bébé, vous lui transmettez ce qu'aucune chambre d'enfant installée avec amour, aucun berceau ni aucune poussette ultra-confortable ne peuvent transmettre : le sentiment de bien-être, de sécurité, de chaleur, le mouvement, la vie. »*

Félix Stauffer, biologiste

## Les avantages du portage

Claude-Suzanne Didierjean-Jouveau, auteure du livre *Porter bébé* (Éditions Jouvence, 2006), écrit : « Tout se passe comme si en Occident, au cours des derniers siècles, l'homme s'est transformé en nidicole (se dit des animaux dont les jeunes restent longtemps au nid) [...] Le problème est que les bébés, eux, n'ont pas changé. Et que le berceau dont ils ont besoin, c'est le corps de la mère. »

### Pour l'enfant

- **Le portage renforce le lien d'attachement.** Porter son bébé contre soi stimule la production d'ocytocine, l'hormone de l'attachement, et peut même être l'occasion d'un peau à peau. Vous régulerez ainsi la stabilité de ses fonctions vitales et de sa température, et lui assurerez un réconfort permanent. En hiver, veillez à ce que ses pieds et ses mains soient bien protégés – il existe même des manteaux conçus pour envelopper le bébé en même temps que la maman grâce à un empiècement à zipper.
- **Il favorise le sommeil.** L'utilisation d'un porte-bébé ou d'une écharpe de portage constitue une transition naturelle après la grossesse. Le bébé est ainsi protégé du stress des sollicitations extérieures, et son sommeil est beaucoup plus serein. Bercé par les mouvements de votre corps, il retrouve le rythme qu'il a connu dans votre ventre, tout en entendant votre voix – deux facteurs apaisants qui réduisent ses pleurs. Beaucoup de mamans disent revivre les sensations de la grossesse, et les papas peuvent goûter à ce doux contact.
- **Il facilite la digestion.** La position verticale de votre bébé favorise les rots et diminue les problèmes de reflux et de coliques. Les bébés souffrant de reflux gastro-œsophagien apprécieront particulièrement le portage,

puisque, pour eux, la position horizontale est difficile. Plus ils sont verticalisés, moins ils souffrent de l'acidité des remontées gastriques.

- **Il renforce les articulations et les muscles.** Des études ont montré que, dans les cultures où l'on porte beaucoup les bébés, le taux de malformation des hanches est faible. La position verticale du bébé contribue également au renforcement des muscles du cou et des dorsaux, ainsi qu'au développement du sens de l'équilibre. Enfin, le portage diminue le risque de développer la plagiocéphalie (le syndrome de la tête plate), puisque les bébés portés passent moins de temps couchés sur le dos ou assis dans un transat.
- **La grande proximité avec la maman ou le papa favorise le développement cognitif.** La stimulation de tous les sens y participe.

### Pour le parent

- **Le portage apporte une grande liberté de mouvement.** En vous libérant les mains, il vous permet d'accomplir tous les gestes du quotidien avec une tranquillité d'esprit qui sera bénéfique à votre bébé. Au quotidien et notamment en ville, cette technique vous offre la possibilité de ne pas renoncer à toute vie sociale et de sortir, tout en restant proche de votre bébé.
- **Il favorise l'allaitement.** Le portage prolonge la durée d'allaitement grâce au contact corporel entre la mère et le bébé. Le porte-bébé offre aussi la possibilité d'allaiter plus discrètement, ce qui soulage certaines mères.
- **Il renforce la confiance en soi du parent.** Le parent est physiquement proche de son enfant et l'associe plus facilement à ses activités quotidiennes, ce qui crée une communion et procure au parent un sentiment de confiance dans ses capacités à sécuriser son enfant.

## Les précautions à prendre

- Pour votre confort, **enfilez un tee-shirt ou un sweat léger** avant d'installer votre bébé, puis couvrez-vous (veste, manteau…). Il vous sera ainsi plus facile de vous découvrir lorsque vous passerez de l'extérieur à un endroit chauffé.
- N'habillez **pas trop chaudement** votre bébé (rappelez-vous qu'il reçoit la chaleur de votre corps). En revanche, couvrez bien ses extrémités.
- Pensez à habiller votre bébé de **vêtements suffisamment souples** et amples pour qu'il puisse facilement plier ses jambes.

- **Protégez sa peau fragile du soleil** (chapeau, lunettes de soleil et crème solaire).
- Soyez **attentif aux signaux** que vous envoie votre bébé et vérifiez de temps à autre sa position : il doit se trouver sur le haut de votre poitrine, ses genoux pliés à hauteur de nombril ; sa tête doit être à l'extérieur du porte-bébé ou de l'écharpe, et son visage constamment visible.
- Ne lui **couvrez jamais la tête avec un tissu** ou votre manteau : son nez et sa bouche doivent toujours être dégagés pour qu'il puisse respirer sans encombre.
- Si vous avez besoin de vous pencher, **pliez les genoux et non la taille**, de façon à maintenir votre bébé en position verticale.
- Ne portez jamais votre enfant dans un porte-bébé ou une écharpe lorsque vous pratiquez des **activités sportives**.
- Évitez de le porter **plus d'une heure** dans la même position.

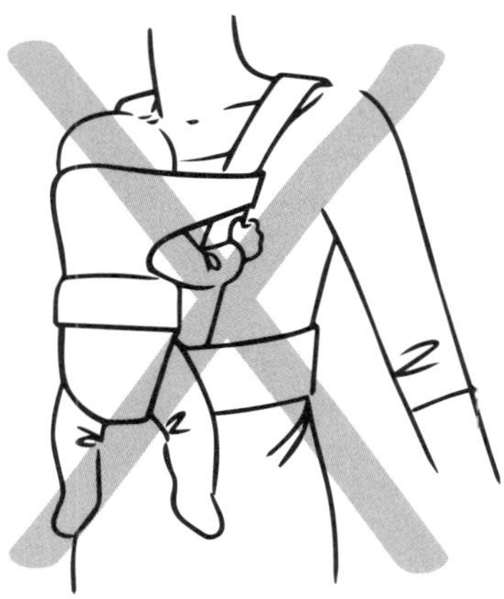

**Mauvaise position :** le bébé est maintenu par son entrejambe, ses jambes « pendent » et la gravité peut entraîner des problèmes articulaires et/ou génitaux.

**Bonne position :** le bébé est assis dans le porte-bébé, ses jambes sont pliées en « grenouille » et le bassin est bien maintenu.

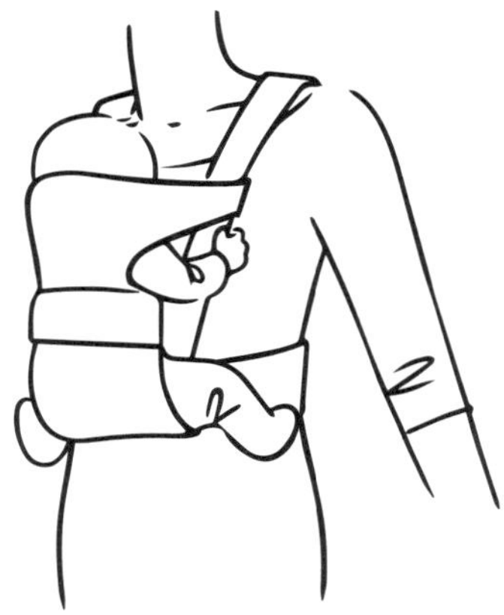

# Les différents modes de portage

Choisissez bien votre équipement de portage et n'hésitez pas à vous faire conseiller pour cela. Il y a certainement tout près de chez vous une monitrice de portage qui pourra vous guider, vous présenter les différents moyens de portage et vous montrer comment installer le bébé confortablement sans que cela vous fasse mal. Le portage se développe de plus en plus et il existe de nombreux cours et ateliers permettant d'apprendre les techniques avec une professionnelle.

## Sur le ventre

Le portage sur le ventre est **la technique la plus adaptée pour les nouveau-nés**. C'est la position la plus proche de celle du bébé pendant la grossesse et elle permet au parent de prolonger le contact intime et tendre avec son bébé : vous pouvez le câliner, l'embrasser, sentir son odeur... Le portage sur le ventre est également pratique pour allaiter : il n'est pas nécessaire pour cela de sortir le bébé du porte-bébé ou de l'écharpe.
Bien que le bébé ne tienne pas encore sa tête correctement, la posture sur le ventre lui permet de bien se développer. À partir de 2 ou 3 mois, lorsqu'il commence à avoir envie de découvrir son environnement, il peut montrer des signes de frustration. Vous pouvez alors passer au portage sur le côté ou sur le dos pour qu'il puisse tourner son regard « face au monde ».
Si vous avez le dos sensible, le portage sur le ventre peut devenir rapidement douloureux. Optez alors pour un portage sur le dos, très pratique et plus confortable.

## Sur le côté

Le portage sur le côté (ou sur la hanche) est **la technique la plus spontanée**. Cette position incite instinctivement le bébé à s'agripper à la taille de la personne qui le porte, principalement à l'aide de ses jambes. Il doit donc être capable de tenir son dos et actif dans le maintien de son corps, ce qui stimule son développement musculaire et soulage la personne qui le porte. **C'est un portage qui permet aussi l'allaitement.**
Le champ de vision du bébé est assez large pour lui permettre de satisfaire sa curiosité, tout en lui laissant la liberté de communiquer visuellement avec celui ou celle qui le porte. Cette posture asymétrique (et déséquilibrée : une seule

épaule de l'adulte porte tout le poids du bébé), plus ou moins confortable, convient plutôt pour des bébés de petit gabarit et à de courts trajets à pied.

## Sur le dos

Le portage sur le dos est **une technique particulièrement bien adaptée à la vie quotidienne**, car il offre une grande liberté de mouvement pour la personne qui porte le bébé. C'est d'ailleurs la technique la plus pratiquée à travers le monde. Parce que le bébé est placé dans le sens de la marche, il peut participer à l'animation des activités et des tâches de tous les jours. Enfin, le portage sur le dos est une **technique ergonomique**, car il permet une meilleure répartition du poids du bébé.
En revanche, le porteur ne peut pas surveiller le bébé placé dans son dos. Pour cette raison, si l'on peut tout à fait porter sur le dos un bébé de quelques jours ou de quelques semaines, il est néanmoins conseillé d'attendre d'être à l'aise avec le portage ventral et que bébé ait un bon tonus de sa tête. En Afrique, en Asie... les bébés passent dans le dos autour de 3-4 mois.

## Face au monde

Cette méthode – comme son nom l'indique – tourne l'enfant vers le monde extérieur : son dos est contre votre poitrine et vous regardez tous deux dans la même direction. **Je ne recommande pas ce mode de portage** : d'une part, parce que l'enfant est suspendu par son entrejambe et que son dos et ses jambes se trouvent donc en hyperextension ; d'autre part, parce que tout son poids repose sur ses parties génitales. Vous conviendrez que cette posture n'est ni confortable ni physiologique, voire dangereuse. Jusqu'à 6 mois, le bébé ne doit pas avoir les jambes tendues, mais pliées en « grenouille ».
Les « pro-portage face au monde » rétorquent que le bébé peut ainsi découvrir ce qui l'entoure. Mais y a-t-il réellement urgence, à quelques semaines de vie, à le mettre face à tous les stimuli quand il peut encore profiter des câlins tout chauds, tout doux et sécurisants ?

# En guise de conclusion

La vie m'a fait de belles surprises et m'a menée sur un magnifique chemin, mais elle m'a aussi fait vivre de rudes épreuves. Pourtant, je n'ai jamais abandonné. J'ai toujours gardé espoir et confiance.
Ne rien lâcher, aller à la recherche de ma force intérieure, celle qui va me permettre de réaliser d'autres choses, de m'épanouir encore plus et surtout de comprendre que la vie est fragile et que je dois faire le tri dans mes priorités.
Dans les moments difficiles, nous mettons tous en place un dispositif de « survie ». Bien évidemment, mes enfants m'ont sauvée, ils ont été mon énergie, ma force, mon avenir.
Mes petits-enfants, il était hors de question que je n'assiste pas à leur évolution. Et pourquoi pas être un jour arrière-grand-mère ?
Merci, merci mes amours !
Merci aussi aux bébés dont j'ai pris soin durant toutes ces années ! J'ai trouvé en eux l'apaisement dont j'avais tant besoin. Merci, merci, mes précieux bébés !
Jean d'Ormesson aimait dire : « La vie n'est pas une fête perpétuelle. Merci pour les roses, merci aussi pour les épines. »
Depuis un peu plus de vingt ans maintenant, je vis l'extraordinaire aventure du Thalasso Bain Bébé, ou Bain de Sonia. J'ai rencontré des milliers des parents et presque autant de nouveau-nés. Je vous dois d'être celle que je suis aujourd'hui.
Après la merveilleuse première édition de ce livre, j'ai rencontré deux magnifiques femmes, Clara et Charlotte. Nous avons ouvert une école hors du commun, une école de femmes, une école de passion. Une école pour les professionnels en quête d'accompagnement pour les futurs et jeunes parents. Une école qui renouvelle l'art du maternage un peu oublié. Nous mettons à l'honneur la femme, la mère, la maternité et la famille. Une école où l'approche psychoaffective a tout son sens et toute sa place au cœur de l'accompagnement parental.
Grâce à l'accueil que vous avez fait à mon livre, une deuxième édition plus complète voit le jour. En deux ans, mes réflexions ont évolué grâce à de merveilleuses personnes qui m'ont éveillée à des sujets passionnants.

Ce livre n'est pas uniquement mon livre, c'est notre livre.
Le livre, chers parents, qui vous aura – je l'espère – donné confiance en vous et qui vous aura fait prendre conscience que, pour votre bébé, vous serez les meilleurs parents du monde.
Suffisamment confiance pour que vous puissiez dire…
« Non » à des choix que l'on fait pour vous.
« Non » à tous ces conseils qui viennent de partout.
« Non » au bain que vous ne voulez pas faire à la maternité.
Dites-vous que nous sommes parents depuis la nuit des temps. Nous avons tous rencontré des difficultés, eu des doutes. Nous avons tous commis des erreurs de jugement. Nous avons fait du mieux que nous pouvions. Au bout du compte, nous y sommes tous arrivés. Et vous y arriverez, vous aussi.
L'école des parents n'existe pas. Le seul qui fera de vous une maman et un papa extraordinaires, c'est votre enfant. Il aura un modèle unique, celui qui lui correspond le mieux : VOUS. Parce que vous et lui êtes uniques. Personne ne peut connaître votre bébé mieux que vous. Alors allez-y. Tentez. Expérimentez. Soyez bien connectés à lui. Faites-lui confiance : il possède des facultés dont vous ne soupçonnez pas l'existence. Tout va très vite. Le temps file. Les débuts parfois difficiles finissent par passer. Les nuits entrecoupées n'ont qu'un temps. N'en demandez pas trop à votre nouveau-né. Au début, n'oubliez pas que c'est vous qui habitez son monde et non pas lui qui habite le vôtre. Il a tant besoin de vous pour gérer cette avalanche d'émotions, tout comme vous avez besoin de lui.
Il est au stade des réflexes archaïques, qui disparaîtront au fur et à mesure de la maturation de son cerveau. Ne brusquez rien. Vous devez vous adapter à son rythme, le temps que, physiologiquement, son sommeil se cale sur le vôtre, que ses repas soient plus espacés. On considère qu'un bébé est capable de faire ses nuits lorsqu'il dort durant six heures d'affilée. À chaque enfant son propre rythme. Laissez-lui le temps.
Sans forcément en avoir conscience, nous mettons la pression sur les bébés. Il faut faire vite, se dépêcher pour arriver à l'heure chez la nounou, à la crèche… Donc, pendant le congé maternité, prenez le temps de vivre au ralenti.
J'aimerais aussi vous parler du congé paternité. Messieurs les papas, la société a enfin pris conscience de l'importance de votre présence auprès de la maman et du bébé, de la nécessité de faire partie des premières semaines de vie de l'enfant pour trouver votre place, créer le lien avec le nouveau-né et former un joli trio.

Vous êtes un soutien psychologique pour la mère trop souvent isolée après la naissance du bébé, isolement qui entraîne fréquemment un état profond de dépression.
À partir du 1er juillet 2021, 25 jours (au lieu de 11) vous seront octroyés en plus des 3 jours du congé de naissance. Il est vrai que vous avez quatre mois pour utiliser ces jours de congé... Mais à mon avis, il est plus qu'important d'être là dès la naissance. Votre soutien est inconditionnel, votre présence est indispensable. Les mamans ont peur, sont fatiguées, pleines de doutes. Les papas, accompagnez-les dans ces moments-là.

À travers ce livre, je tenais aussi à rendre hommage à toutes mes collègues auxiliaires de puériculture et à défendre notre métier. J'ai rencontré nombre d'entre elles lors de mes formations : elles sont bienveillantes, disponibles et professionnelles. Elles conseillent et accompagnent les nouveaux parents avec énormément de générosité et d'empathie. J'ai pu constater, au fil des années, qu'elles exercent un métier insuffisamment reconnu et valorisé. Nous sommes pourtant indispensables.
Les ambassadrices de mon Thalasso Bain Bébé sont de ces collègues que vous rencontrerez peut-être. Je dois faire mon possible pour qu'un maximum de bébés et de parents puissent avoir accès à ce soin. Je multiplie les formations. Je rencontre des professionnels. À chaque fois, je vois naître dans leurs yeux l'étincelle qui, un jour, a jailli en moi. Jamais elles n'auraient imaginé ressentir tant d'émotions en pratiquant un soin. Souvent, elles pleurent. Ce bain remue aussi quelque chose en elles. Elles me disent : « Ce Thalasso Bain Bébé, c'est ma bulle d'oxygène. » C'est le plus beau compliment que l'on puisse me faire. Nous faisons souvent nos soins par automatisme. On ne voit plus, on n'entend plus. On ne prend plus la pleine conscience de nos gestes.
Or nous avons un rôle important, car ce que nous faisons, les parents le reproduiront. Alors, autant bien faire, sensibiliser à l'importance d'un accueil lent, tout en douceur, respectueux, une approche différente des premiers moments de la vie de bébé.
Aujourd'hui, nous parlons de nouveau-nés, demain, ce seront des adultes remplis de sécurité affective, d'amour, de confiance, sûrs d'eux et épanouis. Prêts à affronter la vie, les autres, le monde.
Puisse le Thalasso Bain Bébé avoir encore de beaux jours devant lui !
Puisse notre école former encore plein de jolies petites fées, qui iront à votre rencontre et vous accompagneront dans cette magnifique aventure de la parentalité.

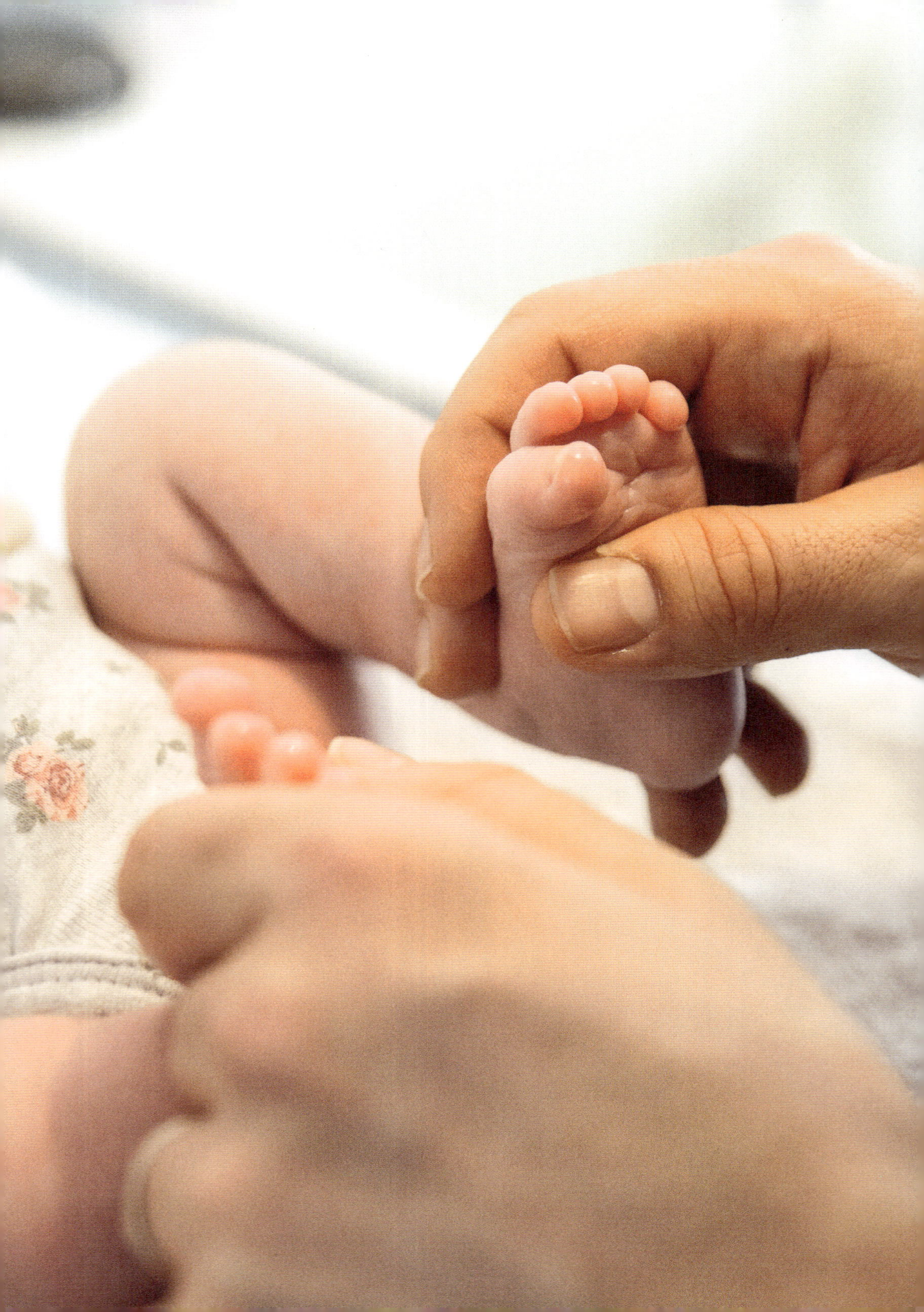

# Lexique des mots nouveaux avec l'arrivée de bébé

Lors de vos rendez-vous chez le pédiatre, la sage-femme, au détour de vos lectures ou lors de vos échanges en famille ou entre amis, vous allez découvrir plein de nouveaux termes jusqu'alors absents de votre vocabulaire. Je dirais même que, lorsqu'on les entend pour la première fois, ces mots semblent totalement barbares.
Voici une petite liste non exhaustive de ce vocabulaire à connaître. Elle vous servira, j'en suis sûre !

**Acné du nouveau-né**
On attribue l'acné du nouveau-né à une poussée d'hormones que la future maman a en fin de grossesse. Le bébé peut alors présenter des croûtes de lait, des mammites, parfois des règles légères, chez la petite fille... puis l'acné du nouveau-né. Tout cela est lié à un trop-plein d'hormones, qui disparaîtra en quelques jours ou quelques semaines.
Cette acné du nouveau-né ressemble à des boutons rouges, avec parfois une petite pointe blanche, localisés sur les joues, les tempes et parfois le front. Il apparaît vers le premier mois et disparaît vers 3 ou 4 mois.
Votre bébé ne ressent ni douleur ni démangeaison. Patientez un peu, et bientôt, il aura une peau toute douce, une peau de pêche. À la naissance, le corps s'exprime et élimine.
En principe, il n'y a pas de grand remède pour le soigner. Vous pouvez toutefois essayer d'utiliser une eau thermale riche en zinc. Si l'acné persiste trop longtemps ou s'étend à l'ensemble du visage, consultez votre pédiatre.

**Angiome**
Un angiome est une anomalie des vaisseaux sanguins, qui prennent alors une couleur rose violacé. Ce n'est ni grave ni douloureux et l'angiome disparaît tranquillement en un an, parfois plus.

Je sais qu'en général, vous ne voyez que cela, mais rassurez-vous, les angiomes se résorbent. Une consultation chez le pédiatre vous le confirmera.

**Croûtes de lait**

Pourquoi cette drôle d'appellation ? Avez-vous déjà chauffé trop longtemps du lait jusqu'à débordement ? Ces fameuses croûtes de lait ressemblent aux plaques de lait sèches qui restent au fond de la casserole. Elles sont dues à un excès de sébum et apparaissent à quelques semaines de vie sur le crâne, le front, parfois les sourcils et même au ras des cils de votre bébé.
Pour limiter l'excès de sébum, évitez de trop nombreux shampoings et surtout ne les grattez pas pour les retirer. Vous pouvez appliquer un produit gras (huile de coco, huile d'olive...) quelques heures avant le bain ou avant la nuit. Massez la tête avec une brosse douce lors du shampoing pour décrocher les croûtes. Elles devraient disparaître en quelques jours.
Si elles deviennent jaunâtres et malodorantes, consultez votre pédiatre.

**Érythème toxique du nouveau-né**

Il s'agit d'une dermatose fréquente chez le nourrisson, puisqu'elle touche près d'un bébé sur deux. Elle apparaît entre le premier et quatrième jour de vie, et est sans gravité.
Le bébé peut développer un érythème tout simplement parce que sa peau s'adapte à la vie extra-utérine, à l'air ambiant. Son étendue est très variable. Il peut parfois recouvrir presque la totalité du corps du bébé, sauf le cuir chevelu, les paumes de mains et les plantes de pieds.
Si l'érythème ne disparaît pas naturellement dans le premier mois, consultez votre pédiatre.

**Hoquet du nouveau-né**

D'où vient le hoquet ? Il est provoqué par la contraction du diaphragme, un muscle qui sépare la partie thoracique de la partie abdominale.
Lors des derniers mois de grossesse, vous remarquerez très certainement que votre petit fœtus a le hoquet plusieurs fois par jour dans votre ventre. Comment expliquer ce phénomène intra-utérin ? Peut-être est-il gourmand et prend-il de très grosses gorgées de liquide amniotique ? C'est en tout cas un signe de bonne santé ! Il s'entraîne d'ailleurs pour sa vie extra-utérine.
À la naissance, ce hoquet perdure le temps que tout son système et ses muscles deviennent matures. Souvent, le hoquet perturbe plus les parents que le bébé. Vous pouvez bien sûr consulter un ostéopathe si vous constatez

que cela perdure ou si cela gêne votre enfant. Une séance peut le soulager. N'hésitez pas à en parler à votre pédiatre.

### Ictère physiologique du nouveau-né

Je vais ici vous décrire l'ictère le plus courant : l'ictère physiologique. Presque tous les bébés ont un petit ictère à la naissance, c'est-à-dire un petit reflet jaune. L'ictère est un excès de bilirubine dans le sang de votre bébé. Le taux de globules rouges peut être assez élevé chez les nouveau-nés. Dans ses globules rouges existe une substance qu'on appelle la « bilirubine ». Le travail du foie va être d'éliminer cette trop grande quantité de bilirubine. Il est possible que le foie ne puisse pas faire ce travail tout seul. Cette situation est assez fréquente chez les prématurés.
Ce taux est d'abord évalué grâce au bilirubinomètre. Si le résultat est élevé, une prise de sang est nécessaire pour le confirmer.
Pour remédier à un ictère élevé, on pratique la photothérapie. Afin de venir en aide au foie dans la destruction de cette bilirubine, bébé est installé quelques heures sous des lampes bleues, sur un hamac, en couche, avec une protection sur ses yeux.

### Lanugo

Étymologie : mot latin qui signifie « laine » ou « duvet ».
Votre bébé vient de naître, et vous découvrez qu'il est couvert de petits poils sur les épaules, le dos et parfois un peu sur le front. Ce duvet peut commencer à apparaître dès le troisième mois du fœtus et joue un rôle protecteur, tout comme le vernix.
Que deviennent ces poils ? À la 38 ou 39e semaine de grossesse, ils commencent à tomber, mélangés à de la desquamation du vernix.
S'ils sont encore présents à la naissance, ne soyez pas inquiète : ces poils finissent par tomber en quelques semaines ou quelques petits mois. Les prématurés naissent avant qu'ils ne tombent, ce qui leur permet de mieux réguler leur température.

### Liquide amniotique

Il apparaît dès la première semaine suivant la fécondation, et bébé baigne dans ce liquide clair et stérile, en constant renouvellement. Il est à 96 % composé d'eau, de sels minéraux, d'acides aminés, de lipides, de protéines, de cellules fœtales et d'hormones.

Il arrive que le liquide amniotique soit insuffisant, on parle alors d'« oligoamnios » ; lorsqu'il est présent en trop grande quantité, on parle d'« hydramnios ».

### Luxation, ou dysplasie congénitale de hanche

Les petites filles sont plus concernées que les garçons par cette pathologie, qui touche environ 6 bébés sur 1 000. Elle est généralement dépistée dès la naissance, et une échographie est toujours demandée pour confirmer le diagnostic.
De quoi s'agit-il ? La tête du fémur s'encastre mal dans le cotyle ou sort du cotyle (cavité articulaire de l'os iliaque qui fait partie de l'articulation de la hanche).
Le traitement le plus courant dans cette pathologie est d'équiper le bébé d'un lange assez rigide qui maintient les têtes de fémur dans la bonne position. On l'appelle le « lange câlin » et il est installé par-dessus ses vêtements. Le bébé ne souffre pas de ce dispositif, régulièrement contrôlé par un orthopédiste.
Les bébés dont les parents ou les frères et sœurs ont eu une luxation de la hanche à la naissance sont bien évidemment un peu plus surveillés. Tout comme le bébé arrivé par le siège.
Dans la très grande majorité des cas, aucune séquelle n'est à déplorer pour l'enfant.

### Plagiocéphalie positionelle (forme la plus simple)

Étymologie : du grec *plagio*, « oblique », et *cephalie*, tête.
Vous connaissez plus souvent ce phénomène sous le terme de « tête plate » : il désigne le fait que l'arrière ou le côté du crâne sont aplatis.
Cette forme de plagiocéphalie est parfois consécutive à un torticolis congénital ou à un mauvais positionnement de la tête à la fin de la grossesse, notamment lorsque bébé n'a plus trop de place dans votre ventre ou qu'il se présente par le siège. Après la naissance, il aura alors tendance à tourner la tête toujours sur le même côté dans son transat ou dans son lit. Or, durant la première année, les os du crâne restent mous et souples. La tête peut donc s'aplatir sur le côté le plus sollicité, ou sur l'arrière si le bébé est constamment sur le dos.
Que faire en prévention de la plagiocéphalie ?

- Dans le premier mois de vie, il est intéressant d'aller **présenter votre bébé à un ostéopathe ou un chiropracteur**. Il vérifiera les tensions autour du cou ou le risque de torticolis qui obligerait votre bébé à se positionner toujours du même côté.

- **Oubliez tous les gadgets dits « anti-tête plate ».** Votre bébé dort sur le dos et il est impératif de permettre la mobilité de sa tête.
- **Ne laissez pas votre bébé trop longtemps dans son transat** ou toujours à plat dans son lit. Privilégiez le tapis au sol.
- Dans les moments d'éveil et sous surveillance, **posez régulièrement votre bébé sur le ventre**, vous encouragerez ainsi les rotations de sa tête, ce qui tonifie ses muscles du dos et la nuque.
- **Portez votre bébé en écharpe** en vous assurant bien de la mobilité de sa tête.
- Alternez régulièrement la position du bébé vers la tête ou le pied du lit pour l'inciter à varier le côté d'appui de sa tête.
- Si votre bébé est nourri au biberon, pensez à changer de côté régulièrement.

Au moindre doute, parlez-en à votre pédiatre qui vous dirigera peut-être vers un kinésithérapeute.

### Prématurité et post-maturité

Un enfant est considéré comme prématuré lorsqu'il naît avant 37 semaines d'aménorrhée.

Il existe trois niveaux de prématurité :

- la très grande prématurité : naissance avant 28 semaines d'aménorrhée ;
- la grande prématurité : naissance entre la 28$^{e}$ et la 32$^{e}$ semaine ;
- la prématurité moyenne : naissance entre la 32$^{e}$ et la 36$^{e}$ semaine révolue.

La post-maturité correspond à une naissance arrivée après 41 semaines d'aménorrhée.

La grossesse est dite « prolongée » lorsqu'elle dépasse 42 semaines.

### Score d'Apgar

Qu'est-ce que c'est ? D'où vient ce mot ? Apgar est le nom d'une Américaine, médecin anesthésiste qui a mis en place en 1952 ce test consistant à évaluer la bonne santé d'un nouveau-né en 5 points. Il s'agit de :

- la fréquence cardiaque ;
- la fréquence respiratoire ;
- la coloration : est-ce qu'il s'oxygène bien et son teint rosit-il ?
- la réactivité : son pleur est-il franc ou geignard ?
- le tonus musculaire.

Cet examen est effectué par la sage-femme ou le pédiatre lorsque le bébé a trois minutes, cinq minutes et sept minutes de vie.

Chaque item est noté sur 2 et le score total est donc noté sur 10. On considère que le score correct se situe entre 7 et 10 : bébé arrive, il atterrit, il respire et rosit, son cri devient vif.
Entre 4 et 7, votre bébé a peut-être besoin d'un peu d'aide, par exemple qu'on lui libère ses voies respiratoires ou qu'on lui donne un peu d'oxygène.
Aux alentours de 3 ou un peu moins, des gestes de réanimation sont nécessaires et tout le personnel aide votre bébé à récupérer.
Pas d'inquiétude si votre bébé obtient 3 au score d'Apgar, demandez simplement des explications. L'essentiel est de procéder aux bons gestes et de le laisser récupérer.

**Vernix caseosa**

C'est la crème de beauté des bébés ! Cette substance blanchâtre assez épaisse et grasse recouvre la peau du nouveau-né dès la 20e semaine de grossesse. Comme le lanugo, il joue un rôle protecteur : en contact permanent avec le liquide amniotique, il aide le corps à se protéger.
Les prématurés naissent avec une grande quantité de cette substance, mais en fin de grossesse, elle diminue.
Cette crème est bénéfique et il est important de la laisser sur la peau de bébé. Elle possède en effet des propriétés hydratantes, anti-infectieuses, antioxydantes, cicatrisantes et imperméabilisantes. Voilà pourquoi on retarde le plus souvent le bain.
Assez rapidement après la naissance, le vernix est absorbé par la peau.

# Remerciements

Mon parcours ne serait pas ce qu'il est si je n'avais pas rencontré des directeurs d'établissements, des médecins (Dr Debache, Dr Aknin), des collègues (une belle pensée pour mes amies Catherine, Édith), ma sage-femme d'amour, de cœur, Djo, qui ont cru en moi et en cette incroyable aventure. Merci à Claude Vouillot qui m'a ouvert une porte vers le chemin de mes enfants. Merci à eux.

Merci à Henri de m'avoir fait mère. Merci d'avoir été un merveilleux papa.

Merci aussi à ma maman, merci à mon papa, merci à mes enfants et merci à toutes les belles rencontres que j'ai faites : bébés, parents, formatrices et formateurs, et tous les professionnels de l'enfance.

Merci à Clara et Charlotte de m'avoir permis d'avancer encore et encore.
Je sais, je sens que mon histoire, notre histoire nous réserve d'autres surprises, d'autres joies.

Merci à Alexandra pour ta confiance. Ce fut une belle collaboration dans l'écriture du premier livre, la deuxième édition et dans d'autres projets.
C'est tellement agréable et facile de travailler à tes côtés.

Croyez en vos rêves.

MERCI LA VIE !

# Des ouvrages ressources pour toute la famille

Céline Chadelat et Marie Mahé-Poulin, *Le Mois d'or, prendre soin de soi et de son bébé après l'accouchement*, Marabout, 2021.

Carole Hervé et Julie Martory, *Mon allaitement sur mesure*, Albin Michel, 2020.

Frédérick Leboyer, *Pour une naissance sans violence*, Le Seuil, 1974.

Hubert Montagner, *L'Attachement, les débuts de la tendresse*, Odile Jacob, 2006.

Daniel Rousseau, *Le Pouvoir des bébés*, Max Milo, 2013.

Marie Thirion, *L'Allaitement, de la naissance au sevrage*, Albin Michel, 2014.

Donald W. Winnicott, *Le Bébé et sa mère*, Payot, 1992.

# Table des matières

## L'allaitement au sein ou le biberon .... 99



## Les pleurs... .... 131

Ouvrage publié sous la direction d'Aurélie Starckmann

Responsable éditoriale : Cécile Beaucourt

Conception graphique : Johanna Fritz

Mise en pages : Istria

Relecture et corrections : Laurence Alvado

Photographies : Anne Lemaître,
(pages 5, 6, 9, 10, 14, 21, 31, 58, 66-67, 74, 82-83, 90-91, 95, 98, 108-109, 130, 156-157, 166-167, 176, 180-181, 185, 196, 200, 207, 208, 220-221)

Shutterstock
(pages 4, 22-23, 24, 34, 39, 42, 46, 50-51, 52, 62, 70, 73, 100, 101, 102, 111, 113, 122-123, 124, 138-139, 144, 146, 153, 158, 170, 174, 188)

Illustrations : Hélène Lafaix

L'éditeur remercie Sasha, Maylon, Norah et leurs parents.

Éditions Albin Michel
22, rue Huyghens, 75014 Paris
www.albin-michel.fr

ISBN : 978-2-226-46341-8
N° d'édition : 24538/01
Dépôt légal : mai 2021
Imprimé en Italie par Elcograf.